FINNLAND

Kanufahren in

Nordkarelien

Tourenvorschläge, Beschreibungen, Informationen

von

Bernhard Allgeyer

Döhnsdorf, Dorfstraße 37, D-23758 Wangels

Printed in Sweden

ISBN 3-931744-11-6

Text und Karten: Bernhard Allgeyer

Layout: Liselott Allgeyer

Fotos: Liselott Allgeyer/Bernhard Allgeyer
(Ausnahme Foto 9: Erkki Asunmaa)

Umschlaggestaltung: Liselott Allgeyer/Bernhard Allgeyer

Alle in diesem Band enthaltenen Angaben wurden vom Autor nach bestem Wissen erstellt. Der Autor möchte speziell darauf hinweisen, daß die Angaben zu Stromschnellen stark vom Wasserstand abhängig sind, und jeder sich vor Ort selbst von der Situation ein Bild machen sollte.

INHALTSVERZEICHNIS

Das unbekannte Land im Nordosten

Die Provinz Kainuu im Nordosten Finnlands erstreckt sich vom Hauptort Kajaani im Westen, Kuhmo im Zentrum des östlichen Teils bis nach Suomussalmi als Hauptort im Norden. Die ca. 16000 Einwohner aufweisende Kleinstadt Kuhmo befindet sich im Herzen eines bis heute weitgehend unbekannten Paddelrevieres. Das Hauptstück ist die ca. 170 km lange Teerroute. Sie führt von Änättijärvi nach Kajaani. Einige Nebenstrecken, noch abgelegener als die eigentliche Hauptroute, führen auf diese zu. Weiter nördlich, auf halbem Weg nach Kuusamo, findet sich eine reizvolle Kanustrecke von Peranka über Hossa nach Juntusranta.

Für welche Tour man sich entscheidet, hängt vom persönlichen Geschmack ab. Ein guter Ausgangspunkt für alle Aktivitäten ist Kuhmo. Hier finden sich alle notwendigen Geschäfte, Touristenbüro, Unterkünfte wie Campingplatz, Ferienhütten usw.

Landkarten für die Planung der Tour, bzw. für die Anreise, sind zum Teil in Deutschland erhältlich. Keinesfalls fehlen sollte eine Übersichtskarte zur Region, wie die Strassenkarte GT 11 oder GT 13 im Maßstab 1:200000 fehlen. Die GT Strassenkarten enthalten außer den Wegen und Straßen auch Höhenlinien, Angaben von Höhe der Seespiegel, Campingplätze, Sehenswürdigkeiten etc. Für die weitere Planung kann vor Ort auf Landkarten im Maßstab 1:50000 zurückgegriffen werden, oder man spart sich diese Ausgabe und greift auf die einfachen Karten hier im Buch zurück.

Sehenswürdigkeiten in Kainuu sind vor allem das **Kalevala-Dorf** in Kuhmo, welches einen Bezug zur finnischen Nationalsage herstellen soll. Es ist auf jeden Fall einen Besuch wert. Rund um Kuhmo befinden sich eine Anzahl Denkmäler und wiederhergestellte Befestigungen aus dem

Winter- und Fortsetzungskrieg 1939/40 und 1941/44. Nördlich von Suomussalmi, in der Nähe der Feriensiedlung Hossa, wurden 4000 Jahre alte Felszeichungen gefunden, die nach einer kleinen Wanderung zugänglich sind. Entlang der Straßen der Runen und Dichter, die man für die Anfahrt nach Kainuu von Süden kommend nehmen könnte, findet man immer wieder orthodoxe Kirchen, die darauf hinweisen, daß dieser Teil Finnlands noch stark orthodox geprägt ist.

Der wirtschaftlich wichtigste und größte Ort Kainuus ist die Stadt Kajaani. An der Mündung des Kajaaninjoki in den Oulujärvi, gleichzeitig der Endpunkt der Kanutour auf der Teerroute, liegt die 1651 in Folge des wachsenden Teerhandels gegründete Stadt. Hier gibt es Eisenbahnanbindung, Flugplatz, Hotels usw., außerdem das sehenswerte Kainuumuseum, natürlich mit Teerabteilung.

Der Teer brachte im 19. Jahrhundert einen großen Aufschwung für die Provinz. Sie stieg zum größten Produzenten von Teer auf. Zwischen 1860 und 1905 wurden jedes Jahr zwischen 2000 und 3500 Tonnen Teer über Kajaani nach Oulu befördert. Der Teer wurde in den Wäldern Kainuus gebrannt und auf den Teerbooten, von denen jedes 22 bis 28 Fässer fassen konnte, die Flüße und Stromschnellen Richtung Ostsee transportiert. Die Ämmänkoskistromschnelle in Kajaani wurde durch eine Schleuse umgangen. Sie kann heute noch am Kraftwerk unterhalb der in der Flußmitte gelegenen Festungsruine besichtigt werden.

FOTO 1 *Boot zum Transport von Teerfässern im 19. Jahrhundert*

Schon bei der Anfahrt bieten sich mehrere Wege an. Der direkteste Weg ist von Helsinki kommend. Etwas weiter ist die Strecke von Turku. Beide Möglichkeiten erschließen schon auf der Fahrt nach Karelien die Vielfalt der finnischen Landschaft und Besiedlung. Auf dem Weg nach Norden wird die Besiedlung mit jedem Kilometer geringer und läßt erahnen warum diese Provinz selbst bei den Finnen den Ruf einer einsamen und etwas hinterwäldlerischen Region besitzt.

Selbst wenn man von Norden, z.B. von Kuusamo kommend, sich Kainuu nähert, kann man sich des Eindrucks nicht erwehren, daß es hier noch etwas abgelegener ist als in Lappland. Die großen Touristenströme führen an Kainuu vorbei.

Die Ausrüstung und Organisation

Sie richtet sich vor allem nach der Länge der geplanten Tour. Unabhängig von der Länge ist vor allem das **Mückenmittel** zu erwähnen, was nicht vergessen werden sollte. Man greife am besten auf die vor Ort erhältlichen Mittel zurück, denn die Finnen wissen bestimmt genau welches Mittel hilft. Sonnenschutzmittel ist sehr empfehlenswert. Es ist in Finnland dank des Kontinentalklimas im Sommer oft sehr warm und das bei langer Sonnenscheindauer. Auf dem Wasser ist man der Strahlung besonders ausgesetzt, und der Sonnenbrand tritt schneller ein als damit gerechnet wurde.

Das ideale Fortbewegungsmittel für die Touren in Karelien ist der Kanadier. Mit ihm kann so ziemlich jeder Fluß oder See befahren werden. Einzig das Können und die Erfahrung schränken den Einsatz des Bootes ein. Außerdem läßt sich in einem Kanadier alles Gepäck transportieren, wenn man mehrere Tage unterwegs ist. Dann sollte auf keinen Fall ein Zelt, Isomatte, Schlafsack, Kocher, Verpflegung, ein Beil, Schwimmweste, Regenausrüstung, wasserdicht verpackte Ersatzkleidung und ein gutes Buch fehlen. Ausgesprochen bewährt haben sich, vor allem auf Wildwasserstrecken, Luftboote, wobei die Modelle Outside noch etwas beweglicher sind als die klassische Kanadierform. Grundberührung macht der stabilen Außenhaut nicht das Geringste aus.

FOTO 2 *Lammasjärvi, Jokiperä*

Ansonsten vervollständige jeder seine Ausrüstung nach eigenem Geschmack und Erfahrung. Gezeltet werden darf in Finnland nach dem Jedermannsrecht überall für eine Nacht, sofern geung Abstand zu bebauten Grundstücken eingehalten wird und das Grundstück nicht als ausdrücklicher privater Grund gekennzeichnet ist. Das **Jedermannsrecht** beinhaltet, vereinfacht ausgedrückt, die Verpflichtung des Einzelnen, dem Natur-, Gewässer- und Grundeigentümer keine Störung oder Schaden an seinem Eigentum zuzufügen. Im Gegenzug dazu ist es erlaubt, sich in der Natur frei zu bewegen, nichtgeschützte Blumen, Pilze und Beeren zu sammeln, sich in ausreichender Entfernung von bewohnten Gebieten vorübergehend aufzuhalten, sowie in nichtprivaten Gewässern zu baden oder bootzufahren. Für das Angeln und Jagen werden besondere Genehmigungen gefordert. Man erkundige sich vor Ort danach. Im allgemeinen ist offenes Feuer nicht erlaubt.

Die Teerroute nach Kajaani bietet einige ausgewiesene Rast- und Übernachtungsplätze, die von der staatlichen Forstverwaltung unterhalten werden. Dort kann man Feuer machen und übernachten. Manchmal ist dort sogar Feuerholz verfügbar. Also gehört eine Axt ins Gepäck. Und noch eine Bitte : ABFALL wieder mitnehmen.

Der spezielle Tip

Man kann dieses Gebiet hervorragend von einem Ferienhaus aus, als festen Stützpunkt, mit Tagesfahrten erkunden. Die Rückkehr zum Fahrzeug ist nicht so weit, als daß man die Strecke nicht mit dem Fahrrad zurückfahren könnte. Und nach einem gelungenen und anstrengenden Tag auf dem Wasser ist es eine Wohltat, sich in der Sauna zu erholen. Eventuell anschließend ein kühles Bier läßt den Paddelurlaub zu einer richtigen Erholung werden.

Ein organisatorisches Problem bildet das Zurückholen des Fahrzeuges vom Ausgangspunkt. Stehen mehrere Fahrzeuge zur Verfügung erübrigt sich diese Frage. Vor Ort sollte man sich erkundigen, wo, wann und wie Busse fahren. Bei den Touristeninformationen kann erfragt werden, ob es einen Transportservice gibt. Im Hossa Touristenzentrum findet sich Bootsverleih mit Transport für das Gebiet um Hossa. In Lentiira und in Kuhmo sind Bootsverleiher, aber deren Anzahl an Leihbooten ist stark begrenzt.

FINNLAND

PROVINZ KAINUU

1 Juntusranta
2 Suomussalmi
3 Lentiira
4 Kuhmo
5 Kajaani
6 Nurmes

7 Helsinki
8 Turku
9 Oulu

Entfernungen nach Kajaani

Helsinki	558 km
Turku	622 km
Oulu	181 km

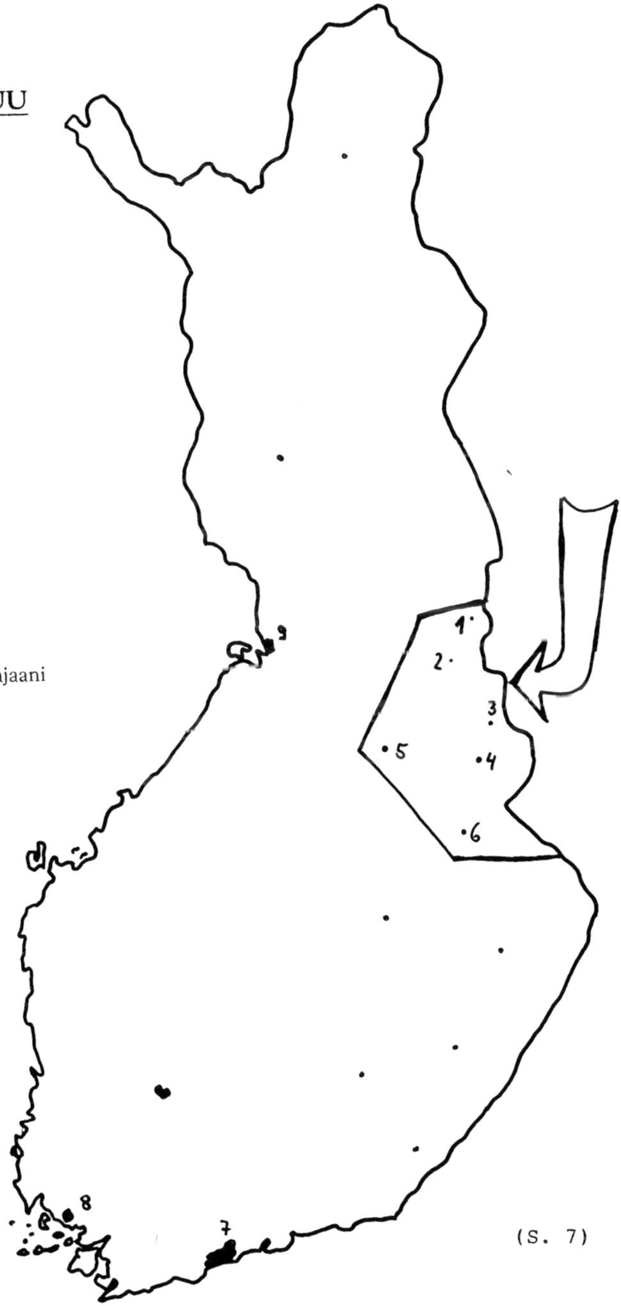

Wildwasser

Die hier vorgestellten Touren weisen unterschiedliche Schwierigkeitsgrade auf. Ob eine Stromschnelle, denn um solches Wildwasser handelt es sich meist in Karelien, durchfahren werden kann, hängt zum einen vom individuellen Können, zum zweiten vom Bootsmaterial und der Ausrüstung ab. Die meisten Stromschnellen können vom Ufer aus besichtigt werden. Empfehlenswert ist es vor allem für die mit Stufe III und aufwärts klassifizierten. Weiter spielt bestimmt eine Rolle, ob man mit Gepäck oder ohne unterwegs ist.

Die Klassifizierungen der Stromschnellen hängt in Karelien stark vom Wasserstand ab. Bei Niedrigwasser sind einige Stellen aufgrund der im Wasser befindlichen Steine nicht fahrbar. Oft handelt es sich bei den angegebenen Stromschnellen um alte Flößergassen mit an einem Ufer befindlichen Palisaden- oder Steinwand. Meist muß an diesen Stellen damit gerechnet werden, daß die Strömung zu dieser Wand führt. Manchmal hilft auch kräftiges Korrigieren nichts, und es muß mit seitlicher Kollision gerechnet werden.

ROUTE:	WILDWASSERSTUFE:
Die Teerroute	WW I - IV
Saunajoki	WW I - III
Kiekinjoki	WW II - IV
Kalliojoki	WW I - III
Vieksinjoki	WW I - III
Hossajoki	WW I - II
Peranganjoki	WW I - II

Internationale Wildwassereinteilung

Stufen	Wasser	Durchfahrt	Hindernisse
WW I nicht schwierig	regelmäßige Strömung; kleine Schwälle; regelmäßige Wellen	frei	einfach
WW II mäßig schwierig	unregelmäßiger Stromzug; unregelmäßige Wellen; mittlere Schwälle; schwache Walzen und Preßwasser	frei	einfach, kleine Stufen
WW III schwierig	unregelmäßige, hohe Wellen; größere Schwälle; Walzen, Wirbel und Preßwasser	übersichtlich	vielfach im Stromzug, einzelne Blöcke
WW IV sehr schwierig	hohe, andauernde Schwälle; kräftige Walzen; Wirbel und Preßwasser	schwer erkennbar; Erkundung meist notwendig	Blöcke versetzt, höhere Stufen mit Rücksog
WW V extrem schwierig	extreme Schwälle; Walzen; Wirbeln und Preßwasser	Erkundung notwendig	enge Verblockung; höhere Stufen mit schweren Ein- und Ausfahrten
WW VI nicht befahrbar; sehr hohes Risiko	-	-	-

ROUTE 1

Die klassische Teeroute nach Kajaani

Länge:	170 Kilometer
Dauer:	7 - 9 Tage
Einsetzstelle:	Änättijärvi, Lentiira
Endpunkt:	Kajaani
Schwierigkeit:	WW I - IV , offenes Gewässer
Kurzbeschreibung:	Anspruchsvolle Kanutour mit abwechslungsreichem Verlauf. Z.T. werden Stromschnellen mit kleinen Schienenwagen umfahren. Zahlreiche Übernachtungsmöglichkeiten.
Bemerkungen:	Längere Aufenthalte in Kuhmo und Sotkamo möglich.
Karten:	GT 11 1: 200000

NUASJÄRVI - KAJAANI

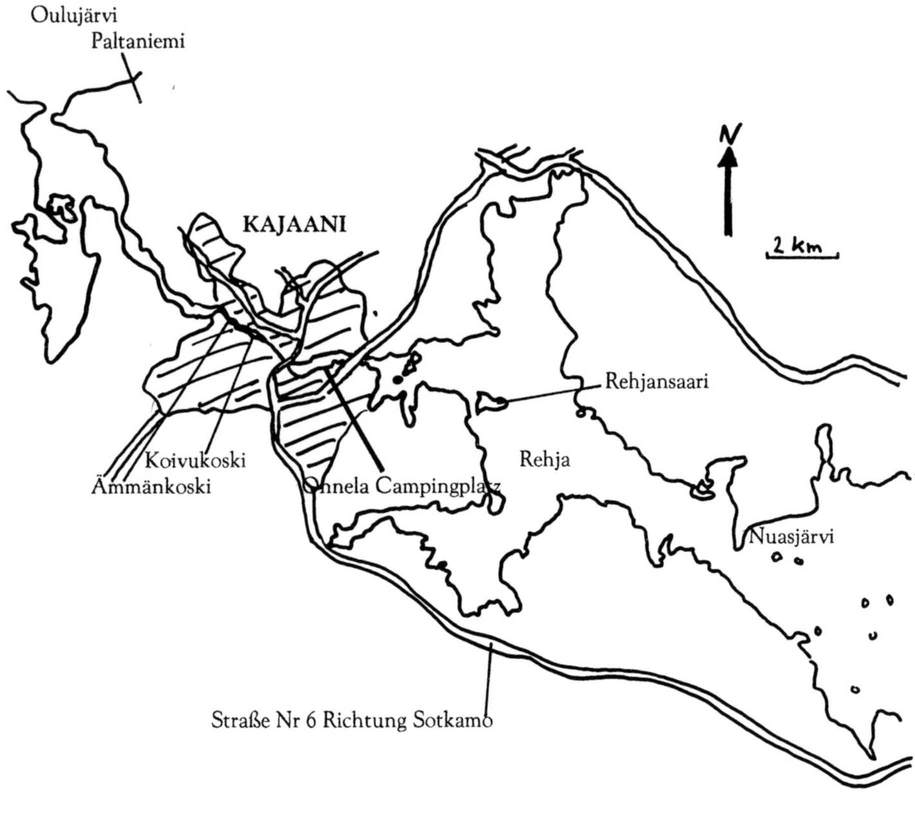

SOTKAMO

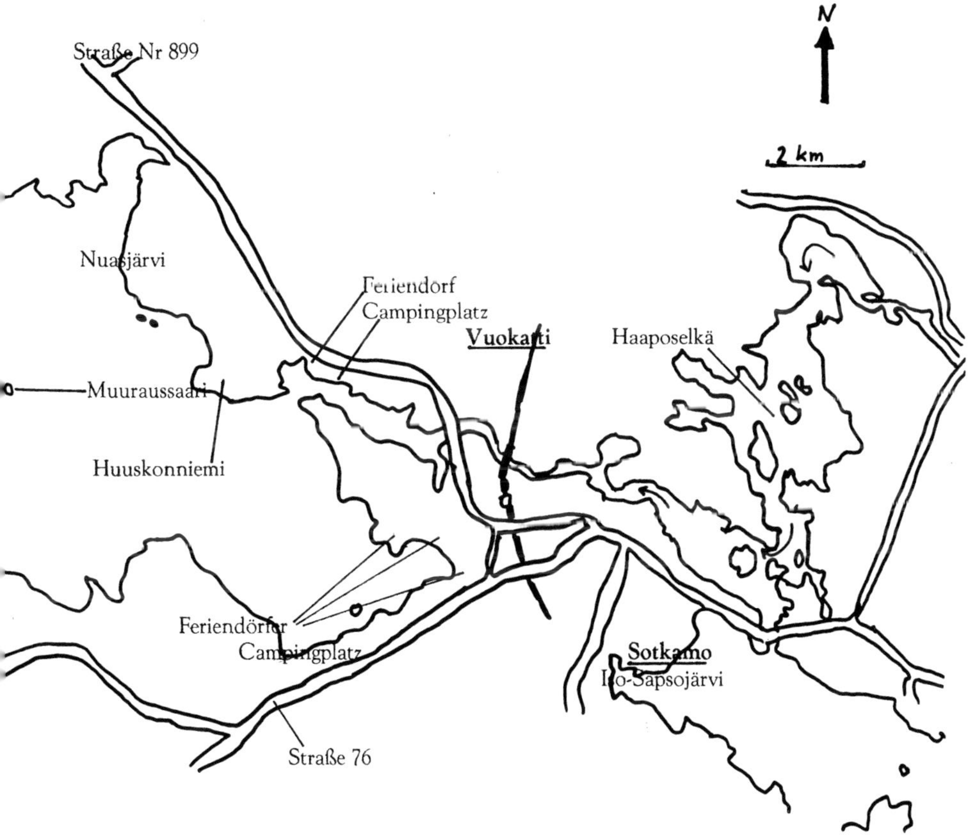
N
2 km
Straße Nr 899
Nuasjärvi
Feriendorf
Campingplatz
Vuokatti
Haaposelkä
Muuraussaari
Huuskonniemi
Feriendörfer
Campingplatz
Sotkamo
Iso-Sapsojärvi
Straße 76

ISO-KIIMANEN

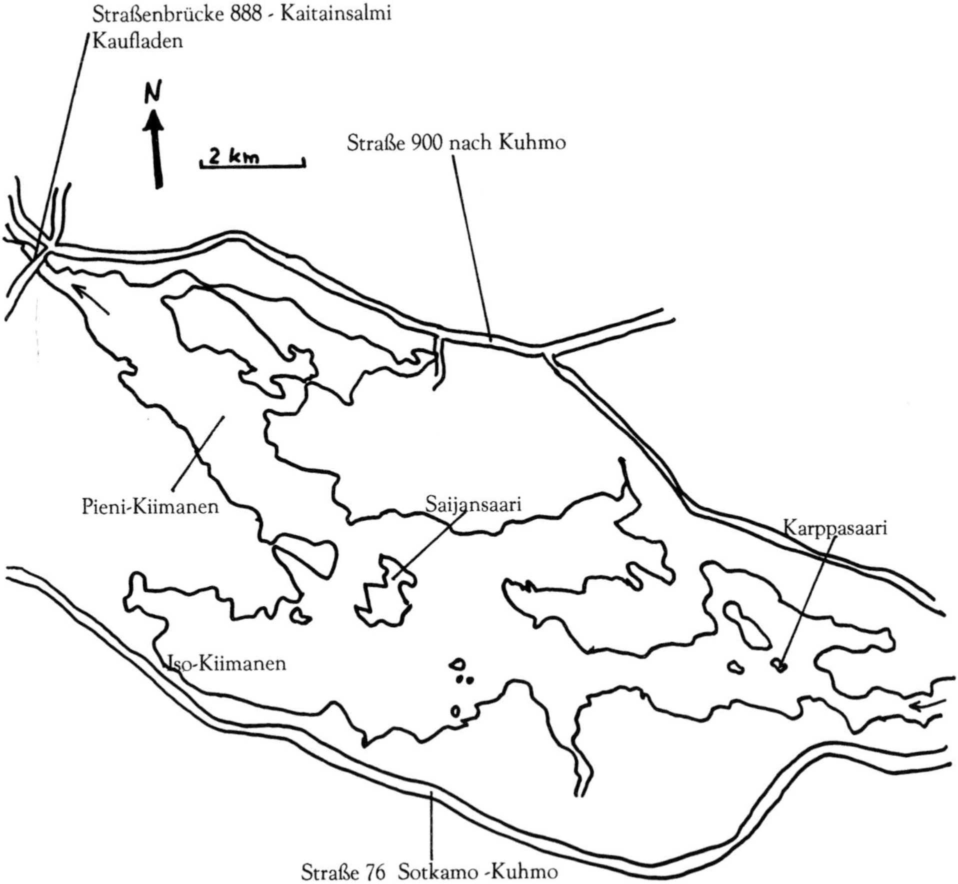

ONTOJOKI

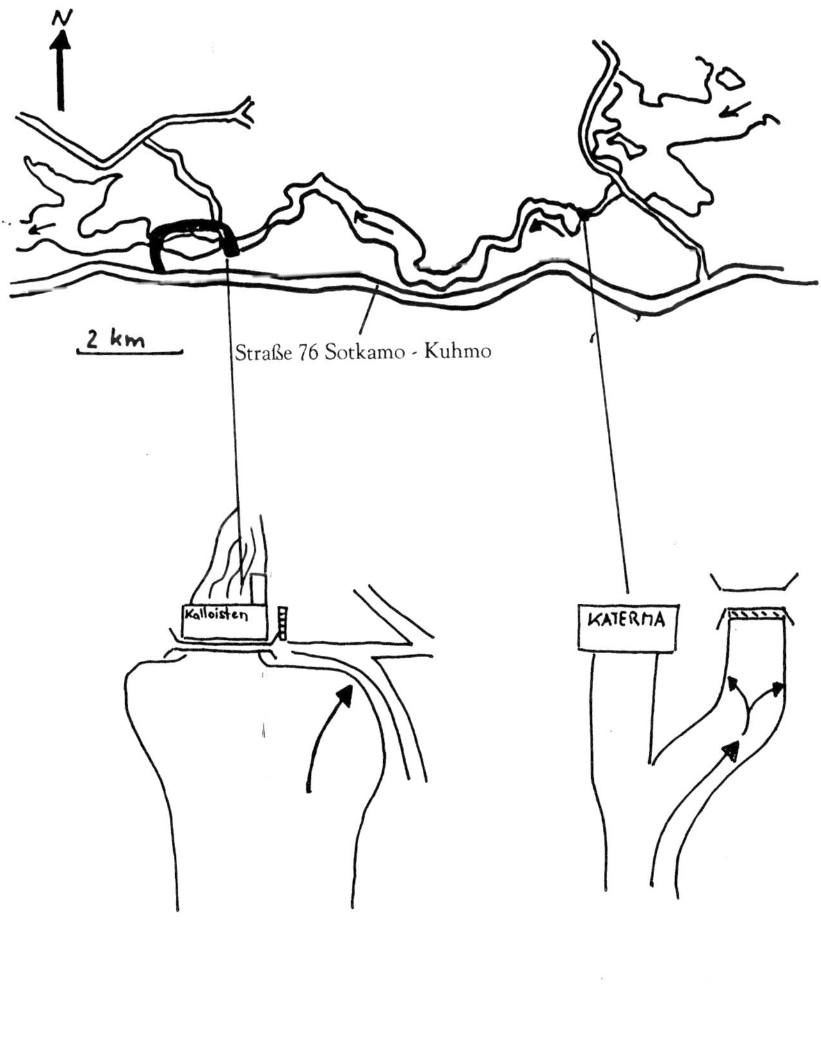

ONTOJÄRVI

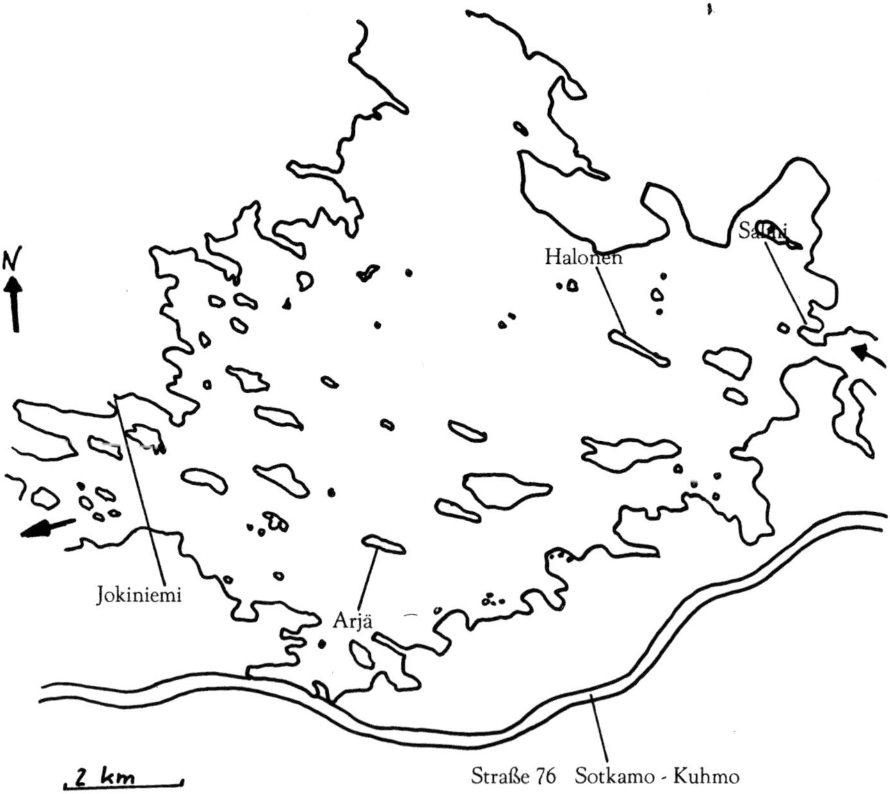

KUHMO

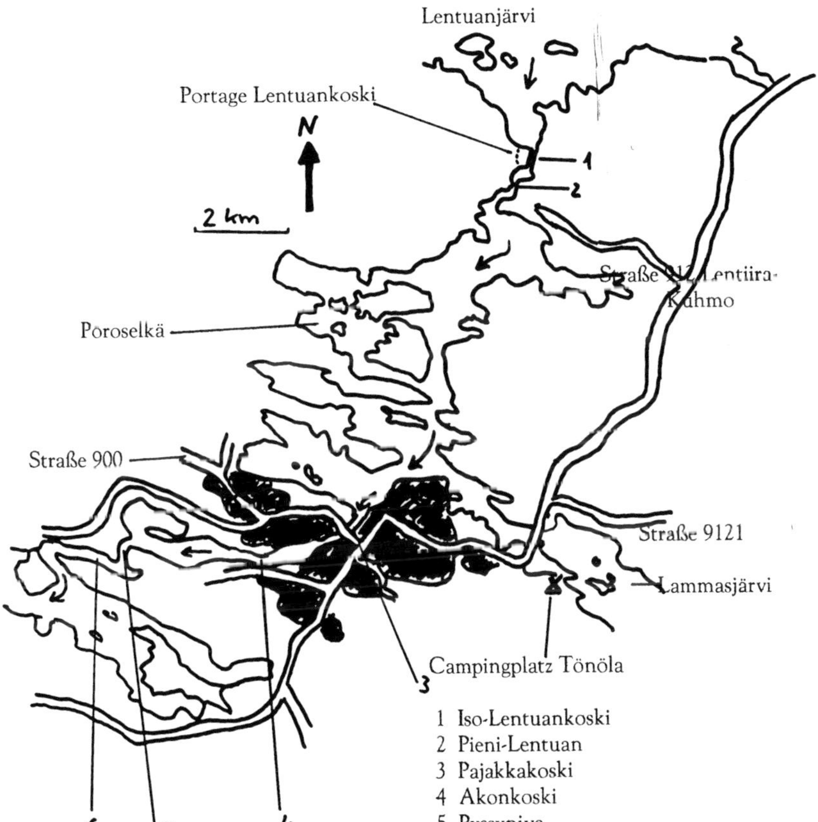

1 Iso-Lentuankoski
2 Pieni-Lentuan
3 Pajakkakoski
4 Akonkoski
5 Pyssyniva
6 Saarikoski

LENTUANJÄRVI

1 Abzweigung Altenrativroute nach Juttuajärvi
2 Brücke bei Niva, Isovirta
3 Vuonteenkoski
4 Portage Karneenkoski
5 Salonsaari
6 Lentuanjärvi
7 Lentuankoski
8 Portage über Straße Niva-Kattilakoski
9 Lapinsalmi

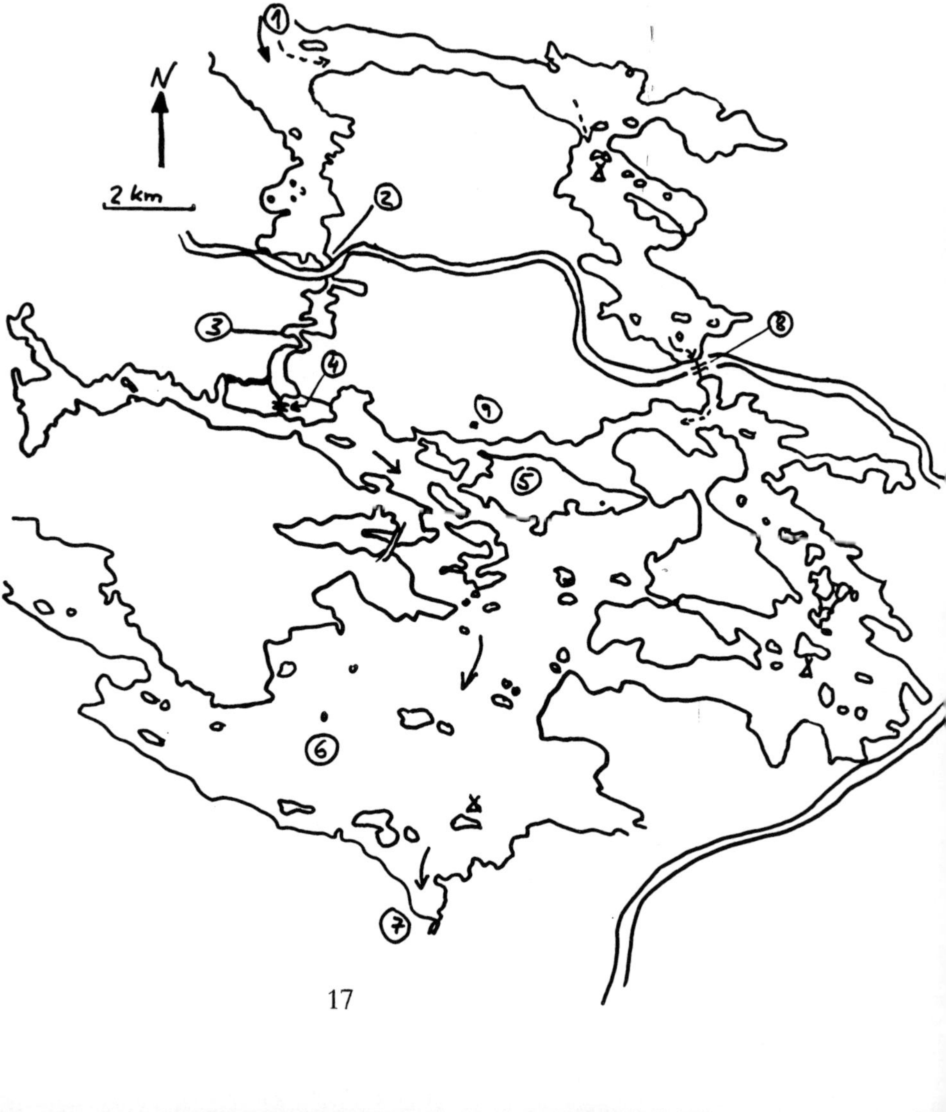

LENTIIRANJOKI

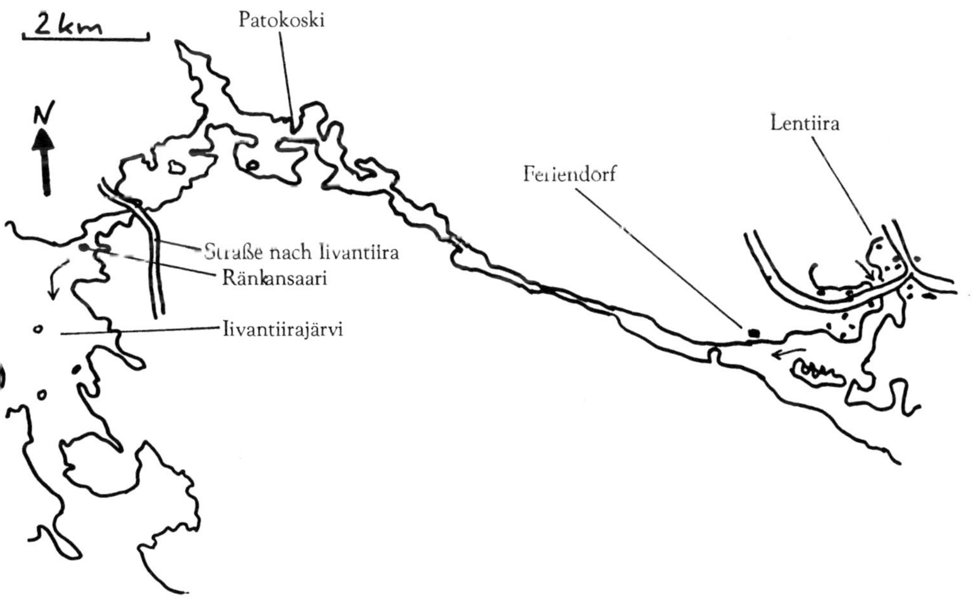

KARTEN ZUR TEERROUTE nach Kajaani

ÄNÄTTIJÄRVI

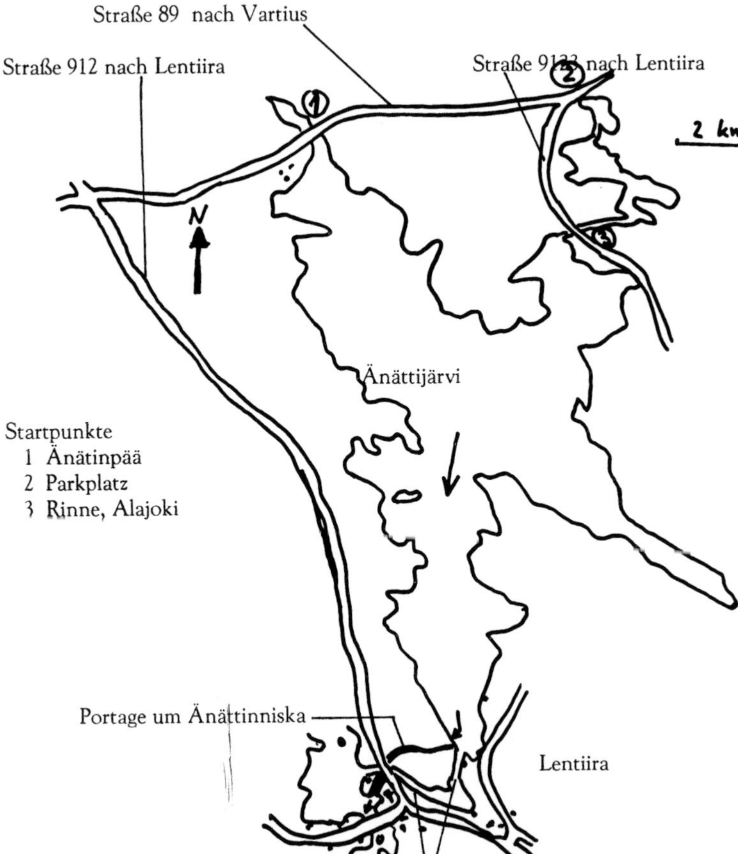

Route 1: Die Teerroute von Änätinpää nach Kajaani

Diese 170 km lange Kanutour beginnt an drei möglichen Startpunkten. Der erste mögliche Beginn befindet sich an der Straße 89 nach Vartius an der russischen Grenze. Dort findet sich ein Grenzübergang nach Russland (geöffnet 7–21 Uhr). Auf dieser Straße begegnen einem mehr russische als finnische Fahrzeuge. Boote können direkt von der Straße nach Änätinpää zu Wasser gelassen werden. Besser geeignet ist allerdings die Bootsrampe des Straßenbauamts in Rinne.

Ein zweiter Startpunkt ist auf der Straße 9123 von Lentiira nach Vartius, der alten Kiimavaarastraße. An der Einmündung der Straße 9123 in die Straße 89 befindet sich ein Parkplatz mit Feuerstelle. Bei der Brücke über den Alajoki kann das Kanu ebenfalls eingesetzt werden. Der Zugang von der Straße zum Fluß Alajoki ist steil, und der Alajoki ist sehr steinig. Deshalb empfiehlt der Autor den Beginn in Änätinpää oder erst in Lentiira. Von dort geht es dann gleich in südlicher Richtung über den Änättijärvi. Järvi bedeutet im finnischen See. Joki bedeutet Fluß und koski Stromschnelle. So hat man die wichtigsten Wörter für eine Kanutour auch schon gelernt.

Der Änättinjärvi ist ein offenes Gewässer ohne große Inselwelt. Das bedeutet, wenn der Wind ungünstig weht, kann der Beginn schon eine kleine Anstrengung bedeuten, egal von welcher Einsatzstelle man beginnt. In der Mitte des Sees kann es zu unangenehmen Kreuzwellen kommen, so daß es sinnvoller ist, am Ufer entlang zu paddeln. Saunasaari kann als Rastplatz nach ca. der Hälfte der 10 km Seestrecke genutzt werden. Am Südende des Änättijärvi liegt **Änättinniska**. Es folgt nun eine Strecke von ca. 3 km mit zwei Stromschnellen. Beide Stromschnellen (WWIII) sind sehr steinig und nur bei Hochwasser fahrbar. Sie lassen sich umtragen. Zwischen den Stromschnellen liegt ein 1,5 km langer See.

Der dritte mögliche **Startpunkt** befindet sich in **Lentiira**. Lentiira ist ein kleines Dorf und ein altes Zentrum für die nordöstliche Kuhmoregion. Es finden sich hier ein Einkaufsladen, Post, Tankstelle und ein paar Kilometer außerhalb das kleine Feriendorf mit Campingplatz und Kanuvermietung. Von hier kann man die Teeroute beginnen und das Fahrzeug stehen lassen.

Ca. 2 km vor dem Feriendorf geht die alte Straße zum Lentiirajärvi ab. Dort kann die Tour ebenfalls begonnen werden. Es ist die Stelle, von der Brücke aus sichtbar, an welcher die Einheimischen ihre Motorboote zu Wasser lassen.

Die nächsten Kilometer geht es, von Lentiira kommend zuerst südlicher Richtung über den Lentiirajärvi nach Osten abbiegend in die Niskanselkäbucht, vorbei an der Einsatzstelle der alten Lentiirastraße und nach 2,5 km vorbei am Campingplatz und Feriendorf. Nun wird die Bucht immer schmaler, und der See mündet in den Ausfluß des ungefähr 13 km langen Lentiiranjoki. Der Flußabschnitt fließt ruhig und gleichmäßig durch unbewohntes Gebiet, und die Ufer sind zum Teil sumpfig. Das Angeln auf Hecht kann hier sehr erfolgreich sein. Vor Jahren hatten sich innerhalb einer halben Stunde das Abendessen für sechs Personen an den Blinkern verfangen. Am Beginn des Lentiirajoki finden sich Reste eines alten samischen Dammes, und 2 km flußabwärts findet sich am rechten Ufer eine Feuerstelle mit dem Namen Multipakka. Nach Multipakka folgen mehrere kleinere Seen. Es sind dies Autiojärvi, Tervajärvi und Puhakajärvi. Die Übergänge von einem zum anderen See sind nicht spektakulär. Das Ende des Puhakajärvi ist felsig. Der beste Weg ist rechts an der Painosaari Insel vorbei. Der See endet an der

Patokoski Stromschnelle an einem kleinen Wehr. Auf dem rechten Ufer oberhalb der Schnelle befindet sich eine Feuerstelle und Rastplatz.

Patokoski (WW I) ist kurz und auf der linken Seite sehr steinig. Deshalb an den Palisaden auf der rechten Seite halten. Am Ende der Schnelle kommt ein kleiner Pool, von welchem man in den Patojärvi gelangt. Die Tullisaari Insel am Ende des Patojärvi umfährt man am besten auf der rechten Seite, da die linke Seite sehr flach ist. Dem Patojärvi folgt Kotijärvi. Hier findet eine Richtungsänderung nach Südwesten statt. Nach ca. 2 Kilometern liegt am rechten Ufer der kleine Weiler Malilanniemi mit Straßenanschluß an die Straße 9070 nach Kuhmo. Hier legt sich jetzt auch die Insel Peltosaari in den Weg. Die Weiterfahrt rechts an der Insel vorbei ist flach und mit Schilf bewachsen. Links geht es durch offenes Gewässer an der Insel vorbei zum Ende des Kotijärvi.

Bei der Annäherung an das Ende des Sees ist schon die Straßenbrucke von Salmelansalmi zu sehen. Unter ihr geht es mit einer kleinen Beschleunigung weiter zum Aidasjärvi. Die Insel Ränkänsaari im Aidasjärvi besitzt eine Feuerstelle und einen Übernachtungsplatz, welcher auch von der staalichen Forstverwaltung genutzt wird.

Anschließend folgt in südlicher Richtung nun der großen See **Iivantiira** bis zur kleinen Ansiedlung Niva. Das sind ungefähr 10 Kilometer bis Niva, und der Zeitbedarf hängt im wesentlichen von der Windrichtung ab. Es gibt auf der Strecke einige Inseln, die sich zum Rasten und Übernachten anbieten. Die erste Insel folgt nach ca. 1,5 km und heißt Kuivasaari. Lehtosaari findet sich einen Kilometer weiter. Danach verengt sich Iivanjärvi auf Höhe der Siedlung Hiekkalankylä. Nach weiteren 1,5 Kilometern nach Passieren der Haukiniemi Halbinsel auf dem rechten, westlichen Ufer teilt sich die Route.

Der Abstecher von Hoikansalmi über Huuhkajanlahti zum Lentuanjärvi

Diese Route folgt nun ostwärts zum **Juttuajärvi**. Nach ca. 6 Kilometern gelangt man dem südlichen Ufer folgend in den Juttuajärvi. Zum Beginn des Sees findet sich auf der Insel **Ukonsaari** eine Feuerstelle und Übernachtungsplatz. Die Route folgt nun südöstlicher Richtung über offenes Wasser an der Siedlung Markenniemi vorbei zum Südende des Juttuajärvi. Dort findet sich eine Portage über die Straße, die nach Niva führt, hinweg. Die Arbeit wird durch die vorhandene "Eisenbahn" erleichtert. Man packt das Boot auf den Wagen, wenn er an der angelandeten Uferseite steht, spannt sich selbst davor und hat ein ganz neues "Zugerlebnis". Vom Nordufer des jetzt erreichten Lentuajärvi kann es auf mehreren Wegen zum nächsten Ziel der Lentuan Stromschnellen gehen. Folgt man zuerst dem Ufer in genau westlicher Richtung so gelangt man nach ungefähr 6 Kilo metern zur Siedlung Lapinsalmi. Hier lebte in diesem alten Bauerngehöft 1890 der bekannte Künstler Akseli Gallen-Kallela. Hier malte er unter anderem sein bekanntes Werk "Aino". Die Fahrt entlang des Nordufers von Lapinsalmi führt bei der Insel Koponen wieder auf die vorhin verlassene Route zurück.

Akseli Gallen-Kallela wurde als Axel Gallén 1865 in Björneborg, Pori, geboren. Er entwickelte nach Aufenthalten in Paris einen dem Symbolismus nahe stehenden Monumentalstil der finnischen Malerei. Seine Themen sind oft dem Nationalepos KALEVALA entnommen, und seine Bilder fehlen selten in den neueren Ausgaben

der Kalevala. Akseli Gallen-Kallela lebte eine zeitlang in Lapinsalmi und in Ruovesi. Er starb 1931 in Stockholm.

Die Hauptroute folgt noch vier Kilometer über offenes Wasser nach Niva. Dort findet sich das Ende des Iivantiira-järvi. Ca. 3 km nach der Abzweigung der Alternativroute hat man für Motorboote eine Fahrrinne auf der westlichen Seite angelegt. Für Kanus wird es keine Probleme geben. Auf dem letzten Stück zum Ende hin können, vor allem bei Niedrigwasser, Steine aus dem Wasser ragen. Manche sind durch Baumstämme markiert, denn Motorboote können Schaden an diesen Hindernissen nehmen. Folgt man dem Ostufer, hat man keine Schwierigkeiten zu erwarten.

In **Niva** findet sich wieder Straßenanschluß an die Straße 9070 nach Lentiira und Kuhmo. Unter der Straßenbrücke führt die Isovirta Stromschnelle (WW I) hindurch. Am besten ist die Fahrt unter dem rechten Bogen der Brücke hindurch. Danach folgt ein kleiner Pool und die Schnelle Pienivirta. Sie ist als solche kaum zu erkennen. Hält man sich genau im fließenden Wasser, merkt man höchstens eine kleine Beschleunigung, da das Wasser hier sehr tief ist. Diese beiden Stromschnellen machen keine Schwierigkeiten, bieten auch keine Hindernisse.

Der sich nun anschließende Tolpanlampi führt nach einem Kilometer in einer scharfen Rechtskurve unmittelbar zum Beginn der Vuonteenkoski Stromschnelle (WW I-II). Sie hat ein Gefälle von 1,5 Metern und ist eine alte Flössergasse. Man hält sich am besten bei den Palisadenwänden am Fußpfad. Das damit erreichte Gewässer heißt Niskajärvi, und nach zwei weiteren Kilometern kommen die Karneenkoski Stromschnellen (WW III). Sie sind durch eine tiefliegende Brücke, Steine, Befestigungspunkte für Flöße und Holztransporte sehr schwierig zu befahren. Viel besser ist es, zur südlichsten Bucht des Niskajärvi zu paddeln und die vorhandenen Schienenwagen zum Transport des Bootes zu benutzen.

FOTO 3 *Schienentransport am Niskajärvi*

Jetzt ist der Lentuanjärvi in seiner nordwestlichen Bucht Lehmisalmi erreicht. Dem Nordufer nach Osten folgend, mit zum Teil schönen Sandufern, gelangt man an der Koponensaari-Insel vorbei. Auf dem Weg in den offenen Lentua See kommen noch einige Untiefen. Welcher Weg nun nach Lentuankoski eingeschlagen wird, hängt vom Wetter und den vorherrschenden Winden ab. Auf dem Nordufer der Salonsaari Insel Lehdonnenä befindet sich eine Feuerstelle. Weitere Raststellen auf dem Weg nach Lentuankoski befinden sich auf Torvisaari und Pukkisaari. Auf Pukkisaari kann auch übernachtet werden. Letztendlich hängt aber alles vom Wetter ab, wie die sieben Kilometer über den Lentuajärvi gefahren werden.

Die Lentuastromschnellen teilen sich in zwei Teile. **Isolentua** (WW IV) und **Pienilentua** (WW II). Speziell Isolentua sollte auf jeden Fall vorher begutachtet werden, wenn man diese befahren möchte. Es ist schnelles Wasser mit stehenden Wellen, allerdings ohne Hindernisse. Sie verlangen nach einer guten Schußfahrt, mit garantierter Dusche. Die Isolentuastromschnelle kann am rechten Ufer wieder mit Hilfe eines Schienenweges umgangen werden. Nach 300 Metern Schiene setzt man das Boot wieder ein und fährt die leicht zu fahrende Pienilentua Schnelle hinunter.

Am Beginn der Lentuastromschnellen befindet sich auf dem östlichen Ufer ein Kiosk. Dort kann man eine "Schußfahrt" mit Führer in einem großen Holzboot kaufen.

Nach der Pienilentua Stromschnelle befindet sich am linken Ufer der Lentuakoski Campingplatz. Hier gibt es auch Hütten zu mieten. Von hier gibt es auch Straßenanbindung zur Straße 912.

FOTO 4 *Isolentuakoski*

Der nächste Abschnitt der Fahrt bis Kuhmo, 7 Kilometer, führt im ersten Teil über offenes Wasser. Nach ungefähr der Hälfte der Strecke nach Kuhmo sind die westlich gelegenen Inseln Likkosaari, Keltasensalmi, Teerisalmi und Vasikkasaari zu passieren. Für Kanuten sind die steinigen und flachen Gewässerabschnitte kein Problem. Hat man diese Engstellen hinter sich gelassen, kommt die Stadt Kuhmo in Sicht. In Kuhmo bietet sich an, evtl. auf dem Campingplatz Tönöla zu übernachten. Dort gibt es auch Hütten zu mieten. Um zum Tönöla Campingplatz zu gelangen, muß vor Kuhmo in die Tönölansalmibucht nach Osten eingebogen und ca. 3 km in den Lammasjärvi hineingefahren werden. Hinter der Straßenbrücke auf dem südlichen Ufer liegt der Campingplatz.

Ansonsten bieten sich in der Stadt Ruukinranta, Kylänlahti oder Annanniemi zum Landen an. Von hier aus erreicht man ohne großen Weg die Stadt mit all ihren Möglichkeiten.

KUHMO ist das Zentrum in dieser Region. Heute mit ca. 16000 Einwohnern ist es mit holzverarbeitender Industrie und Dienstleistungen ein für die Region wichtiger Platz. Vor allem nachdem der Grenzübergang nach Russland geöffnet wurde, finden sich im Stadtbild zunehmend russische Besucher zum Einkaufen ein. In manchen Geschäften sind sogar Auszeichnungen in kyrillischen Buchstaben zu finden. Deutsche Zeitungen gibt es im R-KIOSKI in der Koulukatu gegenüber vom Sparmarkt. Landkarten kauft man in guter Auswahl bei INFO KUHMO Kirjakauppa in der Koulukatu 9.

Nachdem Kuhmo zum Einkaufen, Ergänzen der Vorräte oder zum Übernachten genutzt wurde, wird die Fahrt an Kuhmo vorbei zum Abfluß der Pajakkakoski fortgesetzt. Die Stromschnellen beginnen unmittelbar unter der Straßenbrücke der Straße 900. Die **Pajakkakoski** Stromschnellen sind 400 Meter lang (WW II) und garantieren eine feuchte Durchfahrt. Sie sind ohne Probleme zu fahren. Auch hier handelt es sich um eine früher als Flößergasse verwendete Stromschnelle. Nach der Pajakkakoskischnelle fließt das Wasser ruhig ca. 1,5 km dahin, bis die **Akonkoskischnellen** (WW I)erreicht sind. Sie sind 200 m lang mit einem geringen Gefälle. Die Passage am rechten Ufer entlang, vermeidet eventuelle Probleme mit den Steinen, vor allem bei niedrigem Wasserstand. Danach wird der Fluß zu einem 1 Kilometer breiten seeartigen Gewässer. Die linke Seite ist sehr felsig. Nach 2 Kilometern folgt ein Schwenk nach links, und der Fluß verengt sich wieder zur **Pyssyniva** Stromschnelle (WW I). Es folgt ein kleiner Teich und darauf die **Saarikoskischnellen** (WW I). Beide Stromschnellen sind ohne Probleme zu befahren. Saarikoski ist zweigeteilt. Der rechte, breite Arm ist gut zu durchfahren. Der linke Arm dagegen ist eng und durch Steine schwerer zu befahren.

Nach diesem Abschnitt hat man den großen Ontojärvi erreicht. Zuerst ist dies noch nicht zu erkennen, da die Halbinsel Salmi die Sicht auf den See versperrt. Aber danach öffnet sich der Blick auf Ontojärvi, dem man im Prinzip am südlichen Ufer entlangfährt. Die Strecke über den Ontojärvi ist ca. 19 km lang, und man wird die Route nach den herrschenden Windbedingungen wählen. Es bietet sich an jeweils von einem Inselwindschatten in den nächsten zu fahren. Aufgrund der Länge des Sees wird man nicht umhinkommen eine Übernachtung auf einer der vielen Inseln einzulegen. Auf einigen Inseln hat die Forstverwaltung Feuerstellen angelegt, z.B. auf Halosensaari und Arjä. Da der Ontojärvi ein aufgestauter See ist (Katerma-Staudamm und Kraftwerk), ist der Wasserspiegel Schwankungen unterworfen.

Am Westende des Sees verengt sich dieser, und es sind noch 3 km zum Katermakraftwerk.

Das **Katermakraftwerk** macht eine Portage notwendig. 200 Meter vor dem Kraftwerk teilt sich die Zufahrt. Auf dem rechten Arm gelangt man bis zu einem geschlossenen Wehr vor einer Brücke. Dort kann gelandet werden, um das Boot aus dem Wasser zu nehmen.

FOTO 5 *Katermakraftwerk*

Eine kurze Portage führt, über die Brücke direkt am Kraftwerk vorbei, zum Säynäjälampi. Der Fluß wird nun für 8 km Ontojoki genannt und führt zur nächsten Staumauer am **Kalloistenkraftwerk**. Der Fluß fließt gemächlich dem Kraftwerk entgegen. Das Umtragen des Kalloistenkraftwerks ist kein Problem. Vor dem Kraftwerk findet sich am rechten Ufer die beste Stelle zum Ausbooten. Rechts am Kraftwerksgebäude führt eine Treppe zum Weg, welcher zur Einsatzstelle unterhalb des Kraftwerks führt. Anschließend folgt ein kleiner Flußabschnitt durch einen kleinen See, bevor man nun in die 5 km lange Bucht Kurikkalahti des Iso-Kiimanen Sees gelangt. Meist ist die Bucht windgeschützt, und beim

Einfahren in den Iso-Kiimanen bemerkt man erst den Wind auf dem offenen See. Kaum hat man das offene Gewässer erreicht, so passiert man die Insel Karppasaari, welche einen Übernachtungsplatz mit Feuerstelle bietet. Die Ufer der Insel sind steinig, und das Wasser ist tief. Der Übernachtungsplatz liegt in einer sandigen Bucht am westlichen Ufer der Insel. Von Kalloisten bis Karppasaari sind es 7 Kilometer. Auf halbem Weg zur Insel Saijansaari liegt nach 6 Kilometern die Insel Lokkisaari. Sie bietet sich als Rastplatz an. Die Ufer sind allerdings steil und steinig. Die Insel **Saijansaari** liegt weitere 6 Kilometer im Westen und kann je nach Windrichtung auf der einen oder anderen Seite passiert werden. Der gesamte Kiimasjärvi ist 15 Kilometer lang und kann, vor allem bei westlichen Winden, ein anstrengender Abschnitt auf der Tour werden. Im nun folgenden Seeabschnitt, **Pieni-Kiimanen,** bestimmen ebenfalls die Windverhältnisse den Weg. Der See verengt sich zur Straßenbrücke von Kaitainsalmi immer mehr. Oben an der Straße befindet sich ein kleiner Kaufladen.

Die ersten vier Kilometer des nächsten elf Kilometer langen Abschnitts nach **Sotkamo** führen über als Floßgassen markierte Abschnitte. Nach einem scharfen Richtungswechsel in südlicher Richtung erreicht man nun Kaitanjärvi, gefolgt von Pirttijärvi und anschließend die Stadt Sotkamo. **Pirttijärvensalmi** ist ein guter Landeplatz in der Nähe der Stadt. Ein weitere guter Platz ist **Hirvensaari** und das Ufer in der Nähe von **Hirvensalmi**, bei der Tankstelle.

SOTKAMO: Nach Kuhmo die zweitgrößte Stadt in Kainuu mit ca. 10000 Einwohnern. Liegt landschaftlich sehr schön zwischen den Seen und dem Berg VUOKATTI. Die Infrastruktur ist entsprechend ausgebaut. Es finden sich hier Campingplätze. Hütten, Feriendörfer und Einkaufsmöglichkeiten. Außerdem ist der Ort mit der Bahn erreichbar.

Kianta-, Iso- und Sapsojärvi treffen in Sotkamo aufeinander und bilden ein gutes Segelrevier. Für Kanuten ist diese Wasserlandschaft nicht so interessant, weil so ziemlich jede schützende Inselwelt fehlt, die vor den Winden auf diesen großen Wasserflächen schützt. Auf der Insel Kunnansaari im Kiantajärvi befindet sich auf dem nordwestlichen Teil der Insel ein Übernachtungsplatz mit Feuerstelle.

Ab Sotkamo beginnt der letzte Abschnitt der Route. Nach ungefähr 3 Kilometern auf dem geschützten Pirttijärvi gelangt man in den 7 Kilometer langen Mujehoulujoki. Dieser ist von Floßgassen gesäumt und führt unter zwei Brücken hindurch. Hinter der Straßenbrücke wird der Fluß breiter und formt eine Bucht des Nuasjärvi. Bei Naapurivaara befindet sich ein Feriendorf und Campingplatz. Weitere Feriendörfer befinden sich am Ostende des Nuasjärvi. Jäätiö und Hiekkaniemi Feriendorf, sowie Campingplatz Raamattu fünf Kilometer von Huuskonniemi entfernt.

Von **Huuskonniemi** an bietet der 25 Kilometer lange Abschnitt über den Nuasjärvi und Rehja keinen großen Schutz vor den manchmal heftigen Kreuzwellen. Die Route sollte sicherheitshalber an der Uferlinie entlang gewählt werden. Die Inseln können als Rastplätze genutzt werden. Die erste dazu zur Verfügung stehende Insel ist Muuraussaari, etwa 5 Kilometer vom Naapurivaara Feriendorf entfernt. Die Ufer der Insel sind ziemlich sandig und tief. Einige kleinere Inseln gibt es noch auf dem Weg nach Rimpilänsalmi, wo der See sich verengt und in den Rehja übergeht. Sie können ebenfalls als Rastplatz genutzt werden.

Auf dem **Rehja** müssen nun 9 Kilometer bis zur Rehjansaari-Insel zurückgelegt werden. Für den Rehja gilt das Gleiche wie für Nuasjärvi. Offenes Wasser und tückische Wellen erschweren die Fahrt. Auf **Rehjansaari** findet sich ein Erholungsplatz der Stadt Kajaani für die Bewohner. Am Ostende der Insel, Toivonlahti, kann gelandet werden. Von hier sind es noch drei Kilometer zum Hafen von Kajaani, **Petäisenniska**. Auf dem Weg dorthin sollte am besten dem markierten Kanal gefolgt werden. Die Inseln Pukkisaari, Linnasaari und Myhkyrä werden dabei passiert.

Der **Kajaanijoki** beginnt in Petäisenniska. Er führt unter einer Straßen- und einer Eisenbahnbrücke zur Stadt hin. Hinter der Eisenbahnbrücke befindet sich der Strand von Kajaani. Auf der südlichen Uferseite befindet sich ein möglicher Endpunkt der Paddeltour. Es ist der **Onnela Campingplatz**. Von hier ist es nur knapp einen Kilometer zum Stadtzentrum von Kajaani.

Kajaani, gegründet 1656, liegt am Kajaanijoki unweit des Oulujärvi. Geprägt wurde die Stadt durch die Festung, die in der Mitte des Flußes liegt. Im 19. Jahrhundert kam der große Aufschwung durch den Teerhandel. Hier mußten die Stromschnellen überwunden werden. Heute sind diese durch zwei Kraftwerke, die größten Arbeitgeber, gezähmt. Eine alte Schleuse aus dieser Zeit ist heute noch zu besichtigen. Außerdem empfiehlt sich ein Besuch im **Kainuumuseum**. Dort findet man **viele Informationen zur Teerroute und Geschichte Kainuus**.

Ein weiterer Endpunkt der Kanutour ist **Paltaniemi**, 13 Kilometer weiter am Oulujärvi. Das bedeutet, daß durch Kajaani gefahren werden muß. Dabei sind die zwei Kraftwerke zu umtragen. Koivukoski und Ämmänkoski. Danach geht es den Kajaanijoki weiter bis zum Paltaniemi Campingplatz.

FOTO 6 *Festungsruine in Kajaani*

Als Endpunkt ist allerdings Kajaani, bzw. der Onnela Campingplatz zu bevorzugen.

ROUTE 2

VIEKSINJOKI

Länge:	50 Kilometer
Dauer:	2 - 3 Tage
Einsetzstelle:	Kuusamonjärvi
Endpunkt:	Jokinniemi, Ontojärvi
Schwierigkeit::	WW I - III , offenes Gewässer
Kurzbeschreibung:	Wanderstrecke, die über Seen führt, die mit den Stromschnellenabschnitten miteinander verbunden sind. Übernachtungstellen eingerichtet.
Bemerkungen:	Läßt sich über Ontojärvi nach Kajaani auf der klassichen Teerroute fortsetzen.
Karten:	GT 11 1: 200000

VIEKSINJOKI

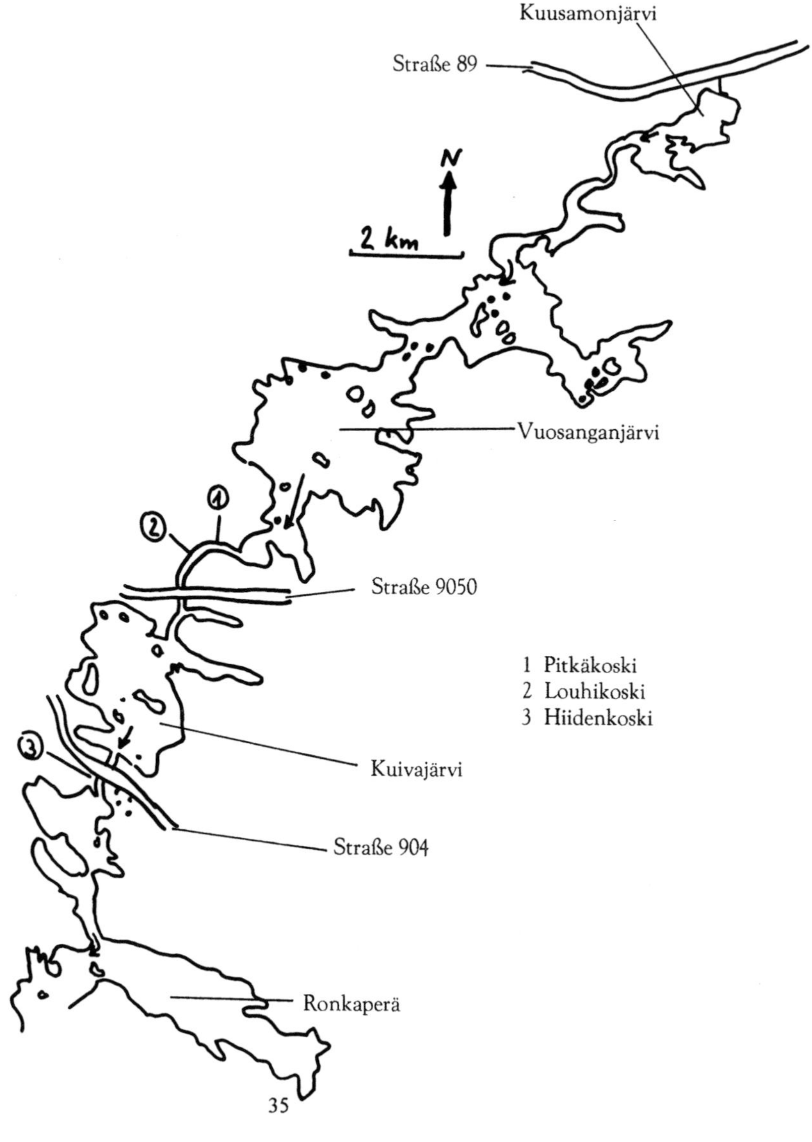

KELLOJÄRVI-ONTOJÄRVI

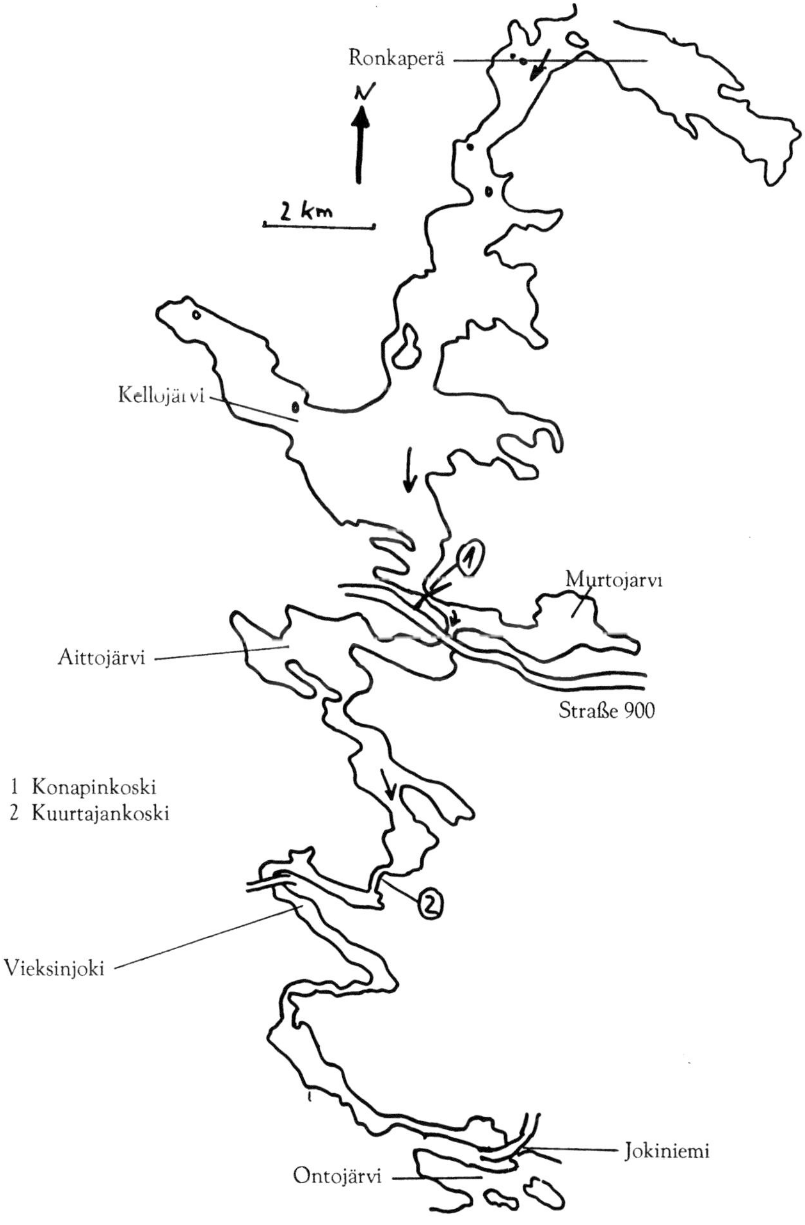

Route 2: Der Vieksinjoki

Diese Tour ist 50 Kilometer lang und führt von **Kuusamonjärvi** an der Straße 89 zum großen Ontojärvi bei Jokiniemi. Dazwischen liegen mehrere Seen, die über Flußabschnitte, z.T. mit Stromschnellen versehen, miteinander verbunden sind.

Ein möglicher Startpunkt liegt ca. 1,2 km vom Kaufladen in Kuusamonkylä nach Osten. Dann in den Feldweg einbiegen. Oder 800 Meter weiter gibt es die Bootsstelle von Hiekkaniemi am Nordende des **Kuusamonjärvi**. Dort gibt es einige Unterkunftshütten der Straßenarbeiter. Das Wasser ist hier tief und der Untergrund sandig. Die nächsten sechs Kilometer über den See stellen kein Problem dar. Der See ist geschützt, und am Ende erwartet uns der 2 Kilometer lange Kuusamonjoki. Dieser ist besonders bei Niedrigwasser nicht einfach zu befahren, da viele Steine das flache Wasser kaum befahrbar machen.

In südwestlicher Richtung geht es dann über den geschützt liegenden **Hyötyjärvi**. Daran schließt sich der **Vuosanganjärvi** an. Dieser Abschnitt ist 7 Kilometer lang. Beide Seen weisen eine Anzahl von Inseln auf, in deren Windschatten der beste Weg zu finden ist. Am Südwestende von Vuosanganjärvi beginnt der 2 Kilometerabschnitt des **Vuosanganjoki** mit den beiden Stromschnellen **Pitkäkoski** (WWIII) und **Louhikoski** (WW III). Ein Kilometer der Flußstrecke wird durch einen Teich gebildet. Beide Stromschnellen sind steil und leicht zu durchfahren wenn der Wasserstand hoch ist. Bei Niedrigwasser sollte auf jeden Fall vorher begutachtet werden, ob ein Durchfahren möglich erscheint. Pitkökoski wird durch einen Steindamm auf der linken Uferseite begrenzt. Die Schnelle macht am Ende eine Linksbiegung mit einer Stufe und in der Mitte gelegenem Stein als

Hindernis. Links daran vorbeifahren. Zu Beginn liegt ebenfalls ein Stein in der Fahrrinne. Links vorbeifahren. Das Gleiche noch einmal auf der Hälfte der Schnelle.

FOTO 7 *Pitkäkoski*

Nach kurzer Strecke führt die Straße 9050 über den Vuosanganjoki. 30 Meter nach der Brücke beginnt eine Schnelle (WW I), die links der Mitte durchfahren wird.

Nach dem Vuosanganjoki folgt der **Kuivajärvi**. An dessen Nordende hat die Forstverwaltung einen Übernachtungsplatz mit Toiletten erstellt. Von hier sind es drei Kilometer über den Kuivajärvi nach **Hiidenkoski**. Da das Westufer des Sees sehr steinig ist, folgen wir dem dem östlichen Ufer.

Als nächstes wartet eine 800 m lange Stromschnelle, **Hiidenkoski** (WWIII). Die Stromschnelle ist bei höherem Wasser fahrbar. Bei weniger Wasser kann sie zu Problemen führen. Sie kann von der Straßenbrücke aus eingesehen werden. Hiidenkoski kann leicht umtragen werden. Am linken Ufer vor dem Abfluß der Stromschnelle kann gelandet werden, um das Boot über einen 300 Meter langen Feldweg zur Straße zu transportieren. Ist man an der Straße angelangt, sieht man zur Linken den Laden von Koskenmäki.

Der nun folgende **Kellojärvi** bildet den längsten Seeabschnitt auf dieser Route. Dabei handelt es sich um 13 Kilometer, z.T. offenes Gewässer. Der erste Teil des Sees heißt Korpijärvi, und am Südende sollte dem Ostufer gefolgt werden, um sich dann bei Niemenkylä am westlichen Uferverlauf zu orientieren, um nicht in die Bucht Ronkaperä abzubiegen.

Jetzt ist der offene Kellojärvi erreicht. Die Ufer sind steil, und es gibt keine Inseln. Am Anfang ist der See sehr flach, macht Kanuten allerdings keine Probleme. Motorboote der Einheimischen sind auf eine enge Durchfahrt zum Kellojärvi angewiesen. Bei der Schule von Ala-Vieksi befindet sich eine Feuerstelle.

Die nächsten 18 Kilometer führen zuerst über die **Konapinkoski** (WWI), welche den ganzen Zeitraum fahrbar ist. Der gut geräumte Durchfahrtskanal ist am Uferpfad entlang. Nun folgt der **Murtojärvi**, und man biegt unter der Straßenbrücke der Straße 900 nach Süden folgend ab in den **Aittojärvi**. Zuerst verfolgt die Route eine westliche Richtung, um anschließend wieder nach Süden abzubiegen. Die Bucht des Aittojärvi heißt Raatesalmi und geht in den **Kuurtajanjärvi** über. Dieser ist schmal und drei Kilometer lang. Am Südende des Sees folgt die **Kuurtajankoski** Stromschnelle (WW II). Sie ist ziemlich lang, beginnt recht sanft und mild, steigert sich im Verlauf aber. Sie führt immer genug Wasser. Am Beginn der Kuutanjankoski befindet sich ein Rastplatz mit Feuerstelle. Von hier aus kann die Stromschnelle angeschaut werden.

Die Stromschnelle mündet in die **Rytisalmibucht**. Diese ist schmal und zwei Kilometer lang. Sie endet in Pukkilanvirta, unter der Straßenbrücke der Straße, die nach Heinälahti führt. Hier beginnt der eigentliche **Vieksinjoki.** Er ist 5 Kilometer lang und weist keinerlei Strömung auf. Der Fluß führt über die Seen **Iso- und Pieni Kylmäjärvi** nach **Jokinniemi**. Die Brücke kann von Kanus ohne Probleme unterfahren werden, oder man benutzt die linker Hand für Motorboote eingelassene Blechröhre mit speziellem Hörerlebnis, wenn gerade ein Auto darüberfährt. Eine alte Schienenbahn zeugt davon, daß hier die Boote früher per Hand und Schienentransport über den Damm gezogen wurden. Von hier sind es noch ca. 4 Kilometer zum Katermakraftwerk der Teerroute.

ROUTE 3

Kalliojoki

Länge:	40 Kilometer
Dauer:	2 Tage
Einsetzstelle:	Iso-Palonen
Endpunkt:	Lentuajärvi
Schwierigkeit:	WW I - III
Kurzbeschreibung:	Wildwasserstrecke mit Übernachtungsplätzen
Bemerkungen:	kann über Lentuanjärvi nach Kuhmo fortgesetzt werden.
Karten:	GT 11 1: 200000 Topographische Karte 4432, 4431, 4413 (alle 1:50000)

KALLIOJOKI ROUTE

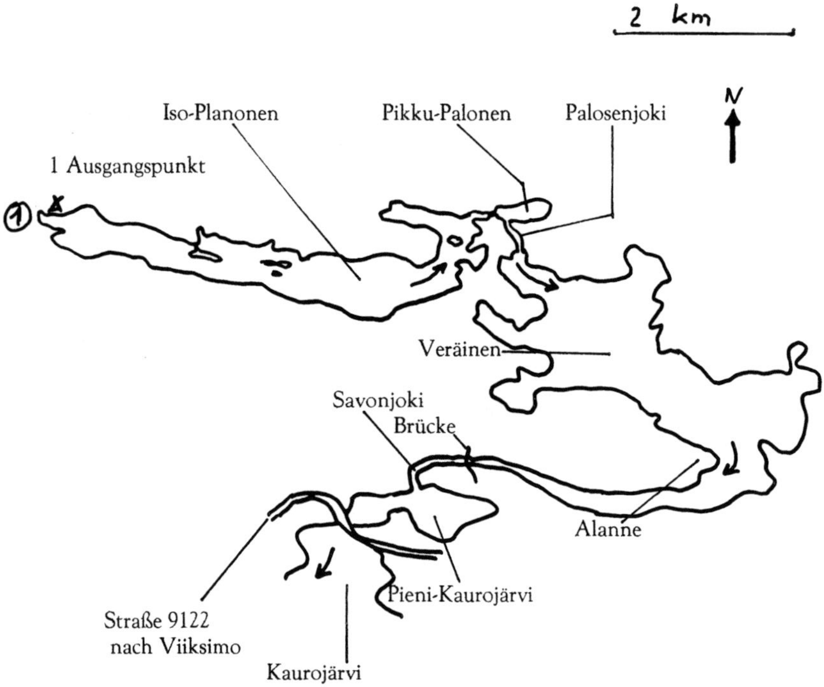

Kaurojärvi-Lentuanjärvi

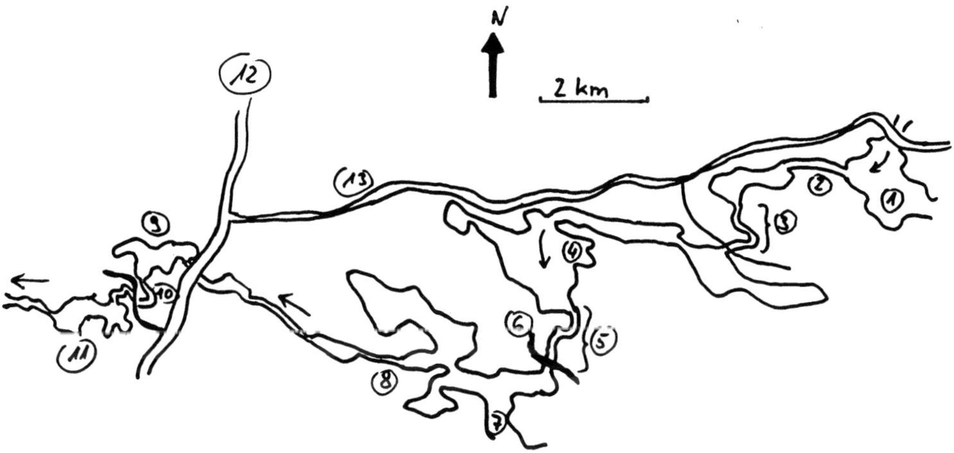

1 Kaurojärvi
2 Lehdonjoki
3 Kalastonjoki, Lihatenniva
4 Juolunkajärvi
5 Juolunkajoki
6 Brücke

7 Kalliojärvi
8 Kalliojoki
9 Sumsajärvi
10 Sumsajoki
11 Lentuanjärv

12 Straße 912 Kuhmo - Lentiira
13 Straße 9122 nach Viiksimo

Route 3: Die Kalliojoki Route

Dies ist eine abwechslungsreiche Strecke über 40 Kilometer vom See Iso-Palonen, südöstlich von Lentiira, in den Lentuajärvi. Dabei wechseln sich mehrere Seen und Wildwasserpassagen ab. Ab August ist allerdings der Wasserstand meist so niedrig, daß viele Stromschnellen nicht mehr gefahren werden können.

Der Einsetzpunkt für diese Tour ist das Westende des Iso-Palonen, welches man über eine unbefestigten Weg von der Straße Kuhmo - Lentiira aus erreicht. Von einem Parkplatz sind es dann noch 300 Meter zu Fuß bis zum Ufer des Iso-Palonen. Man findet hier auch mehrere Wanderwege, die um den See Iso-Palonen führen.

Der erste Abschnitt führt über die Seen **Iso-Palonen, Pikku-Palonen**, den 600 Meter langen **Palosenjoki** in den See **Veräinen.** An den Ufern von Iso-Palonen und Veräinen gibt es drei Feuerstellen und Übernachtungsplätze. Auf dem See Veräinen gibt es die einzige Strecke, die über offenes Gewässer führt. Nach insgesamt 10 Kilometern folgt bei Alanne eine Richtungsänderung nach Westen, und der See verengt sich zum Fluß Savonjoki. Der **Savonjoki** verbindet auf 1,5 km Länge Anlanteenjärvi mit Pieni-Kaurojärvi. Am Beginn des Savonjoki befindet sich eine private Straßenbrücke, die zu passieren bei Hochwasser schwierig sein kann.

Pieni-Kaurojärvi geht nach 500 Metern über eine Enge in den Kaurojärvi über. Über diese Engstelle führt die Straßenbrücke der Straße 9122 nach Viiksimo. Dem Nordufer des Sees geht es weiter entlang, bevor am Westende der **Lehdonjoki** beginnt. Lehdonjoki besitzt eine einfach zu fahrende Stromschnelle, **Kauronniva** (WW I). Der Fluß mündet in den **Kalastonlampi**, welcher 1,5 km lang ist.

Nach Kalastonlampi kommen die ersten schwierigeren Stromschnellen. Es sind dies **Kalastonniva und Lihatenniva**. Beide vom Schwierigkeitsgrad (WW III). Es handelt sich hierbei um alte Flößergassen, welche wieder in ihren alten Zustand zurückversetzt wurden. In der Mitte des Flußes findet sich ein enger offener Kanal. Bevor man die Stromschnellen befährt sollte man sie sich unbedingt vom Ufer aus ansehen. Besonders im Spätsommer bei Niedrigwasser können sich doch einige Steine in der Fahrrinne zeigen, die ein Befahren nicht ermöglichen.

Sind die Stromschnellen passiert, so folgt nun der Juolunkajärvi. Der obere Teil heißt **Hoikka-Juolunka** und ist ein schmaler Seeabschnitt in Richtung Westen. Nach ca. 4,5 km öffnet sich der Blick, und die Route macht einen Schwenk nach Süden. Der Wind kann über die nächsten Kilometer die Routenwahl zum Juolunkajoki bestimmen.

Der **Juolunkajoki** beginnt am Südende des Sees. Der Fluß besitzt 4 Stromschnellen, in welchen jeweils ein 2 bis 3 Meter breiter Kanal in der Mitte der Stromschnellen befahrbar ist. Gleich nach dem Erreichen des Juolunkajoki ist die **Niskanniva** Stromschnelle (WW II) zu fahren. Es finden sich wenige Steine, und die Durchfahrt ist einfach. Es folgt ein 100 Meter langer Teich, bevor die zwei aufeinander folgenden Stromschnellen **Lohikoski** und **Nurronkoski** (beide WW III) warten. Beide Stromschnellen sind nicht einfach, besonders bei Niedrigwasser. Daher empfiehlt es sich vorher auszusteigen und vom Ufer die Route festzulegen. Es schließt sich ein ca. 200 Meter breiter Teich an. Danach folgt die **Poronkoski** Stromschnelle (WW III). Sie ist ebenfalls eine schnelle, steinige Angelegenheit. Sie sollte auf jeden Fall vorher vom Ufer begutachtet werden.

FOTO 8 *Poronkoski*

Nach diesem Stromschnellenabschnitt ist der **Kalliojärvi** erreicht. Auf dem Südufer der Kivenbucht findet sich ein Übernachtungsplatz. Weiter geht es am Nordufer des Kalliojärvi zum Beginn des **Kalliojoki.** Die nächsten sechs Kilometer umfassen ebenfalls den vom Kalliojoki durchflossenen Jokijärvi. Der Kalliojoki beginnt gleich mit der leicht zu befahrenden Stromschnelle **Siltaniva** (WW I). Sie ist ruhig und hat nur wenige Steine. Darauf folgt ein ein Kilometer langer Teich, bevor die Stromschnellen **Törmäkoski** und **Pystykoski** erreicht werden. Beide Schnellen sind WW I und im Sommer ohne Probleme zu meistern. Im Herbst kann es wegen Niedrigwasser etwas schwieriger werden.

Danach ist der Jokijärvi erreicht. Der **Jokijärvi** ist ca. 1 Kilometer lang. Unter der Straßenbrücke der Straße 912 von Kuhmo nach Lentiira befindet sich die **Sumsastromschnelle** (WW I).

Nach Sumsakoski schließt sich der Sumsajärvi an. Dieser ist wiederum 1 Kilometer lang. Am Südufer des Sumsajoki findet sich eine Feuerstelle. Nach dem Sumsajärvi kommen mehrere Stromschnellen. **Kattilakoski, Pitkäkoski, Vaarakoski und Haapakoski.** Alle Stromschnellen WW I - II. Sie sind zumindest im Sommer befahrbar. Im Herbst sollte auf jeden Fall der Wasserstand berücksichtigt werden.

Der jetzt erreichte **Iso-Korpijärvi** ist bereits Bestandteil des Lentuajärvi und führt über die letzte Stromschnelle dieser Tour, der **Korpikoski** (WW II), in den Lentuajärvi. Dieser Teil des Sees heißt Lokkiselkä, ist sehr tief und bietet außer der Bucht auf der östlichen Seite von Kotisaari. Ein Übernachtungsplatz befindet sich auf der Insel **Honkisaari**.

Die Route kann von hier über Lentuakoski nach Kuhmo fortgesetzt werden. Oder man erreicht von hier aus in Richtung Südost die Straße 912 nach Kuhmo/Lentiira. Bei Kesti ist ein Feldweg, der zur Straße nach Kuhmo führt.

ROUTE 4

SAUNAJOKI

Länge:	44 Kilometer
Dauer:	2 Tage
Einsetzstelle:	Saunajärvi
Endpunkt:	Kuhmo
Schwierigkeit:	WW II - III
Kurzbeschreibung:	Wildwasserstrecke bis Lammasjärvi durch weitgehend unberührtes Gebiet.
Bemerkungen:	Fortsetzung in Kuhmo auf der Teerroute
Karten:	GT 11 1: 20000, Topographische Karten 4324, 4413 (alle 1: 50000)

SAUNAJOKI-ROUTE

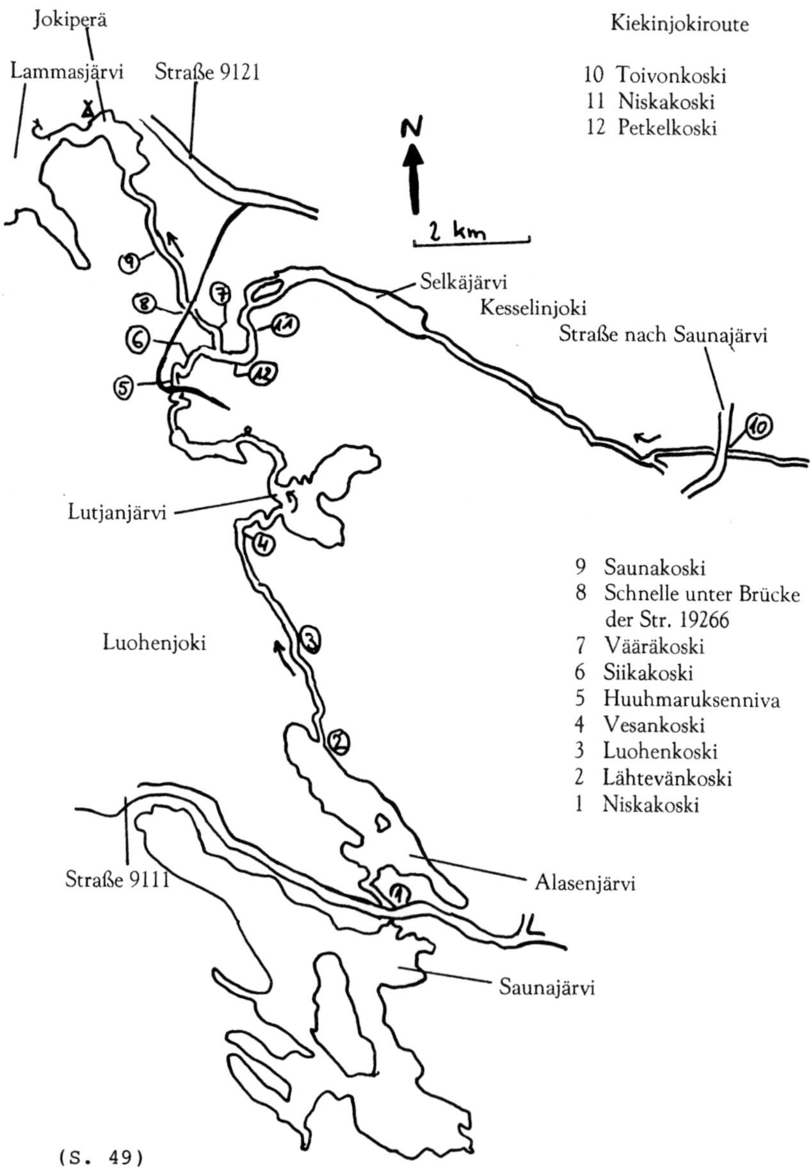

(S. 49)

LAMMASJÄRVI-KUHMO

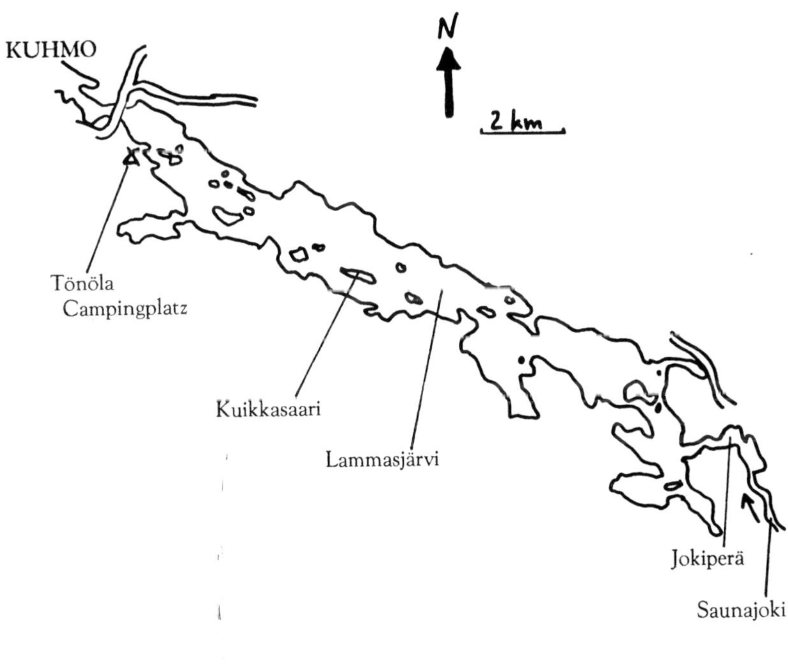

ROUTE 4: Der Saunajoki

Diese Strecke weist eine Länge von 22 Kilometern zwischen der Einsatzstelle am Saunajärvi und der Einmündung in den Lammasjärvi auf. Es ist eine ausgesprochene Wildwasserroute, die einige schöne Stromschnellen bietet.

Der beste Startpunkt ist die Straßenbrücke am Ufer des Saunajärvi. Hier gibt es einen Parkplatz und einen Kiosk. Dort beginnt der Niskajoki mit der **Niskastromschnelle** (WW II). Der Abfluß aus dem See ist durch einen Betondamm reguliert. In der Mitte des Dammes ist eine Abflußstelle, die bei etwas höherem Wasser durchfahren werden kann. Sonst beginnt die Tour am besten hinter dem Damm, gleich unter der Brücke. Dies ist vom Wasserstand abhängig, da die Stromschnelle sehr steinig ist. Die Gesamtlänge der Niskakoski ist 500 Meter. Auf halber Länge befindet sich eine alte Wassermühle. Der Wasserstand ist meist niedrig, besonders im Spätsommer.

Entlang der Niskakoski finden sich alte Stellungen aus dem Winterkrieg 1939/40. Z.T. sind die Stellungen neu aufgebaut. Hier fanden schwere Kämpfe statt. Sowjetische Truppen kamen auf zwei Wegen, einer entlang der Straße 9111, bis ca. 10 km vor Kuhmo. Kuhmo wurde durch Luftangriffe zerstört. In den folgenden Wochen gelang es den zahlenmäßig unterlegenen Finnen die Gegner bis auf wenige Kilometer zur Grenze zurückzudrängen. Sowjetische Truppen wurden eingekesselt. Viele dieser Stellungen lassen sich entlang der Saunajokiroute finden.

Die nächsten 500 Meter fließt der Fluß gemächlich in den **Alasenjärvi**. Über den See geht es in nordwestlicher Richtung zum Ausfluß des **Luohenjoki**. Der Alasenjärvi ist dort durch ein Wehr aufgestaut. Dort findet sich auf der rechten Uferseite eine Feuerstelle und Rastplatz.

Hier finden sich auch noch alte, mittlerweile verfallene Stellungen aus dem Winterkrieg 1939/40. Man sollte auf jeden Fall das Wehr zuvor besichtigen, bevor man sich entscheidet, ob es durchfahren werden soll. Es bildet sich, je nach Wasserstand, eine ca. ein Meter hohe Stufe, auf derer rechten Seite das Wasser auf einen Stein fällt.

Der **Luohenjoki** bietet auf den folgenden 5 Kilometern drei Stromschnellen. Es sind dies: **Lähtevänkoski, Luohenkoski und Vesankoski.** Alle weisen WW III auf. Lähtevänkoski schließt sich direkt nach dem Wehr an. Sie ist sehr flach und steinig. Man muß sich seinen Weg zwischen den Steinen suchen. Selbst bei mittlerem Wasserstand muß die eine oder andere Grundberührung einkalkuliert werden.

FOTO 9 *Lähtevänkoski*

Jetzt geht es ziemlich flott auf dem Luohenjoki weiter. Ein einsames Wildnisgebiet, in welchem Wölfe und Bären zu Hause sind. Vom Fluß aus lassen sich nun Biberspuren sehen. Es kann auch passieren, daß ein gerade von Bibern gefällter Baum den Fluß, zumindest teilweise, blockiert. Die Ufer sind zugewachsen, so daß ein Besichtigen vom Ufer aus kaum möglich ist. Nach einem Teich kommt gleich die nächste Stromschnelle. Die **Luohenkoski** fließt in einem leichten Linksbogen und zwingt während der Durchfahrt zu mehreren Richtungsänderungen, da einige Steine die Durchfahrt blockieren. In diesem Stil geht es die nächsten 4 Kilometer weiter. Teiche und unbenannte Schnellen wechseln sich ab. Die letzte Stromschnelle auf dem Luohenjoki ist die **Vesankoski** (WW III). Danach wird der Luohenjoki ruhiger und fließt durch ein Sumpfgebiet, nachdem der Wald zurückgelassen wurde.

Der folgende See **Lutjanjärvi** bildet zusammen mit der Putkenlahtibucht und dem Riihenjärvi ein ca. 3 Kilometer langes Teilstück. Der See wird zum Nordende hin schmaler, und die Fortsetzung fließt gemächlich auf die Straßenbrücke Str. 19266 bei Kotinniemi zu.

Nach einer scharfen Rechtskurve kommt die Brücke in Sicht. Unter der Brücke bildet sich eine kurze, schnelle Passage (WW I). Nach dieser Passage folgt der **Saunajoki**. Dieser besitzt 5 Stromschnellen auf seinem Weg zum Lammasjärvi.

700 Meter nach Beginn des Saunajoki liegt die **Keskinivastromschnelle** (WW I). Nach weiteren 1,5 Kilometer erwartet den Kanufahrer die **Huuhmaruksenniva** (WW I), welcher sofort die **Siikakoski** (WW II) folgt. Die Siikakoski ist 200 Meter lang. Jetzt mündet der **Komulanjoki** (ROUTE NR. 5) in den Saunajoki und bildet einen Teich. Dieser

ganze Abschnitt wird von zahlreichen Biberspuren begleitet. Auf umgefallene Bäume achten.

Vääräkoski bis Lammasjärvi

Aus diesem Teich heraus, folgt sofort die **Vääräkoski-stromschnelle** (WW III) mit einer Länge von 400 Metern. Sie bildet eine S-Kurve, die jeweils auf den Innenseiten zu fahren sind. Am Ende bildet sich eine schnelle Zunge mit einer hohen stehenden Welle. Die Vääräkoski kann durch Anlanden am linken Ufer besichtigt werden. Auf der linken Uferseite findet sich auch ein Unterstand. Spuren von Bären und Elchen sind hier ebenfalls sichtbar.

FOTO 10 *Vääräkoski, oberer Abschnitt*

FOTO 11 *Vääräkoski, unterer Teil*

Darauf schließt sich ein ca. 500 Meter langer Teich an, um unter der folgenden Straßenbrücke, Str. 19266, wieder in eine Stromschnelle (WW II) überzugehen. Diese Schnelle ist einfach zu fahren, da es immer genug Wasser gibt. Hinter dieser Schnelle kommt ein etwa 100 Meter flacheres Stück, welches die Durchfahrt je nach Wasserstand notwendig macht. In der niedrigsten Stromschnelle dieses Abschnittes, der **Saunakoski** (WW I) befindet sich auf halber Strecke ein großer Felsen, versteckt auf der linken Seite der Durchfahrt. Hinter der Saunakoski findet sich auf der linken Uferseite eine Feuerstelle und Unterstand.

Nun beruhigt sich der Saunajoki auf den nächsten 1,5 Kilometern und mündet in der Jokiperäbucht in den Lammasjärvi. Am Ende der Jokiperäbucht ist eine Feuerstelle und Schutzunterstand eingerichtet. Man fährt vom Saunajoki kommend direkt auf diesen Uferabschnitt zu. Von hier führt ein Weg auf die Straße nach Kuhmo.

Von **Lammasjärvi** sind es noch 22 Kilometer nach Kuhmo. Der See ist ziemlich geschützt. Der Wind kann allerdings, wenn er von Nordwest kommt, einige Schwierigkeiten bereiten. Am Beginn des Lammasjärvi ist die Fahrt für die nächsten zwei Kilometer von Väinäinsalmi nach Pulkkilansalmi geschützt.

Der nächste Abschnitt geht über sechs Kilometer zur Kuikkasaari Insel. Dort gibt es auf der Südseite einen Rastplatz. Die hier befindlichen Inseln **Kuikkasaari und Tuhkasaari** sollten im Süden umfahren werden, da hier der Wind erfahrungsgemäß nicht so ausgeprägt ist.

Bis zum Tönöla Campingplatz in **Kuhmo** sind es jetzt noch 7 Kilometer. Bis dahin kann das offene Wasser und die Windverhältnisse noch ein tüchtiges Stück Arbeit abverlangen. Man suche sich den besten Weg zwischen den Inseln hindurch. Die Insel **Harakkasaari** kurz vor dem Campingplatz bietet eine Vielzahl von Sandstränden. Der Campingplatz bietet sich als Endpunkt der Tour an. Die Fahrt kann von hier auch zum Ontojärvi nach Kajaani fortgesetzt werden. Siehe Route Nr 1.

ROUTE 5

KIEKINJOKI

Länge:	26 Kilometer und 31 Kilometer auf Saunajokiroute
Dauer:	2 - 3 Tage
Einsetzpunkt:	Kiekinkoski
Endpunkt:	Petkelkoski
Schwierigkeit:	WW II - IV
Kurzbeschreibung:	Wildwasserstrecke durch z.T. einsames Gebiet, keine angelegten Feuer-und Übernachutngsstellen bis zum Zusammenfluß mit der Saunajokiroute.
Bermerkungen:	Ab Petkelkoski mit Saunajokiroute identisch
Karten:	GT 11 1: 200000 Topographische Karten 4431, 4342, 4413 (alle 1: 50000)

KIEKINJOKI-ROUTE

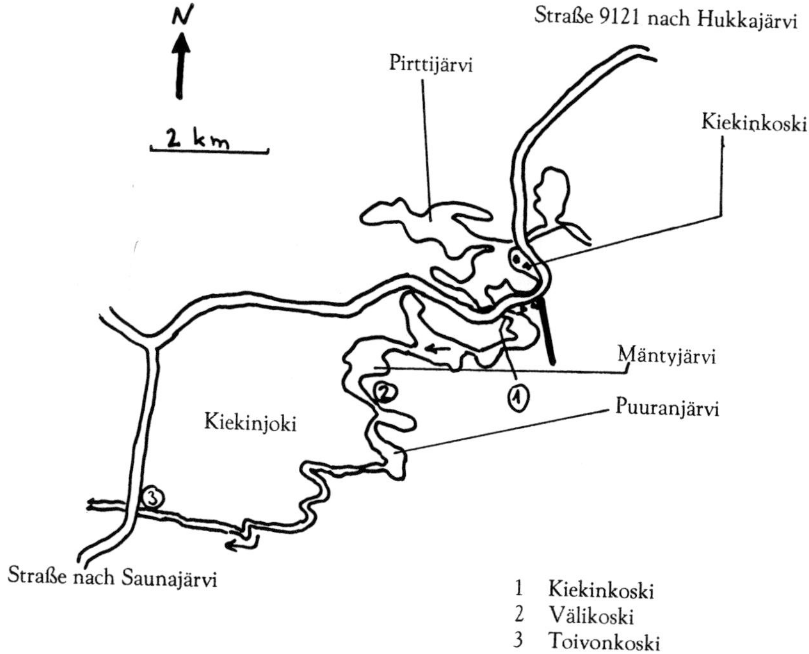

1 Kiekinkoski
2 Välikoski
3 Toivonkoski

Route 5: Die Kiekinjoki-Route

Diese Strecke ist 26 km lang. Sie trifft nach dem Petkelkoski auf die Saunajokiroute. Beschreibung bei Route 4 ab Vääräkoski. Es handelt sich hier um eine abwechslungsreiche Strecke, die vonWildwasser, gemächlichem Flußwasser und kleinen Seen beinahe alles bietet was das Paddeln interessant macht. Ab August ist der Wasserstand allerdings meist niedrig, so daß manche Schnelle sehr steinig wird.

Die Strecke beginnt am Ufer in der Nähe der Straßenbrücke über die **Kiekinstromschnelle** (WW II). Diese verbindet den See **Hieta-Kiekki** mit dem **Alajärvi**. Die Stromschnelle ist 400 Meter lang und leicht zu fahren. Die Stromschnelle kann umgangen werden, wenn das Einsetzen weiter am Nordostufer des Alajärvi erfolgt. Der Alajärvi ist 1 Kilometer lang, bevor er über ein kurzes Verbindungsstück in den 2,5 km langen **Mäntyjärvi** übergeht. Die Stromschnelle am Südende des Mäntyjärvi heißt **Välikoski** (WW II). Am Beginn der 400 Meter langen Schnelle ist ein Flößerdamm. Die Schnelle ist von Steinen befreit, so daß eine Durchfahrt ohne Probleme möglich sein sollte. Danach schließt sich ein kleiner See an. Der **Puuranjärvi** ist einen Kilometer lang.

Nach Puuranjärvi kommt der **Kiekinjoki** mit einer Vielzahl von Stromschnellen. Auf den nächsten fünf Kilometern folgen 6 Stromschnellen. Diese weisen z. T. Schwierigkeitsgrad IV auf. Die Stromschnellen sind zwar aufgrund der Flößerei von großen Hindernissen befreit, aber es ist ratsam manche von ihnen vor dem Befahren zu inspizieren. Besonders bei Niedrigwasser ist dies zu empfehlen. Richtungsänderungen von 90 Grad können zu Überraschungen führen. Speziell **Konttikoski** und **Saarikoski** weisen enge 90 Grad Richtungsänderungen auf, die vorher begutachtet werden sollten.

Nach **Vääräkoski** (WW III), nicht zu verwechseln mit der Vääräkoski der Route 4, wird der Fluß etwas breiter, um anschließend nach ca. 500 Metern unter Straßenbrücke die **Toivonkoski** Stromschnelle (WW III) zu bilden. Toivonkoski kann im Vorfeld von der Straßenbrücke aus begutachtet werden. Diese Stromschnelle ist das ganze Jahr befahrbar.

Ca. 1,5 Kilometer hinter Toivonkoski mündet der Kiekinjoki in den **Kesselinjoki**. Für die nächsten 6 Kilometer erwarten den Kanuten ein ruhiger, gemächlich fließender Fluß. Wie der Kiekinjoki ist das Gebiet unbewohnt, und man durchfährt weitgehend unberührte Wildnis. Man glaubt gerne, daß es hier noch 250 Bären und über 100 Wölfe gibt. Die Ufer sind morastig, und es gibt keine Anlegemöglichkeiten.

Der Kesselinjoki mündet in den 2,5 Kilometer langen **Selkäjärvi**. Die Ufer des Sees sind sumpfig. Am Westende des Sees hat der **Komulanjoki** zwei Ausflüße. Die Insel dazwischen wird Putaansaari genannt. Sie sollte auf dem rechten Ausfluß passiert werden, da der Linke sumpfig und mit Schilf bestanden ist.

Der Komulanjoki fließt den nächsten Kilometer langsam dahin, bevor er **Niskakoski** (WW III) erreicht. Niskakoski ist schwungvoll und ausnahmsweise auch bei Niedrigwasser fahrbar. Die nächste Stromschnelle **Petkelkoski** (WW II) schließt sich gleich darauf an. Beide Stromschnellen sind 700 Meter lang und Hindernisse sind beseitigt.

FOTO 12 *Petkelkoski*

Nach Petkelkoski wird der kleine Teich erreicht, in welcher ebenfalls der Saunajoki mündet. Von hier geht es auf dem Saunajoki weiter zum Lammasjärvi. Siehe Beschreibung Route 4 Vääräkoski nach Lammasjärvi.

ROUTE 6

PERANGANJOKI

Länge :	35 Kilometer
Dauer :	2 Tage
Einsetzstelle :	Iso-Paranka
Endpunkt :	Hossa
Schwierigkeit:	WW I - II , eine Portage bei Lounatkoski (WW III)
Kurzbeschreibung :	Einfache Kanutour auf dem Peranganjoki. Feuerstellen, Übernachtungsplätze, Wanderhütten entlang der Route.
Bemerkung :	Läßt sich von Hossa nach Juntusranta fortsetzen.
Karten :	GT 13 1: 200000, Wanderkarte Hossa-Martinselkonen 1: 50000

PERANGANJOKI

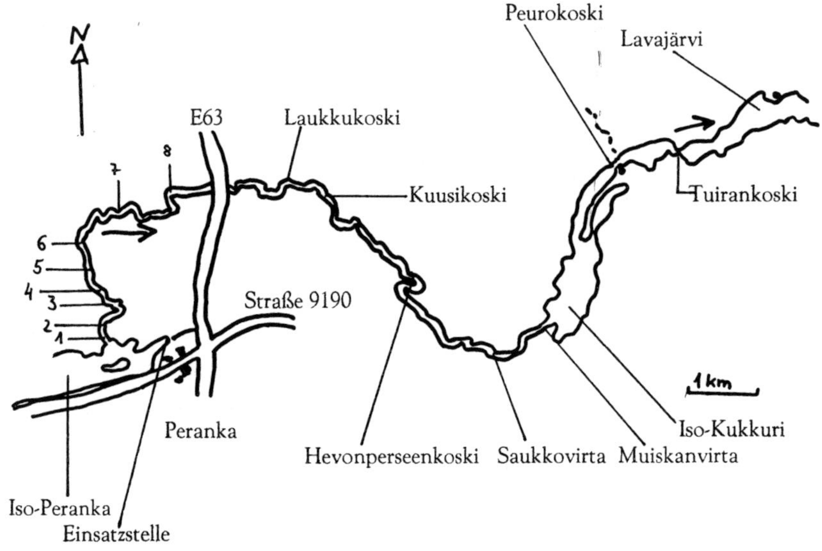

1 Niskakoski
2 Alapäänlampi
3 Harrikoski
4 Vääräkoski
5 Telakoski
6 Karjalankoski
7 Särkikoski
8 Multikoski

PERANGANJOKI nach HOSSA östlicher Teil

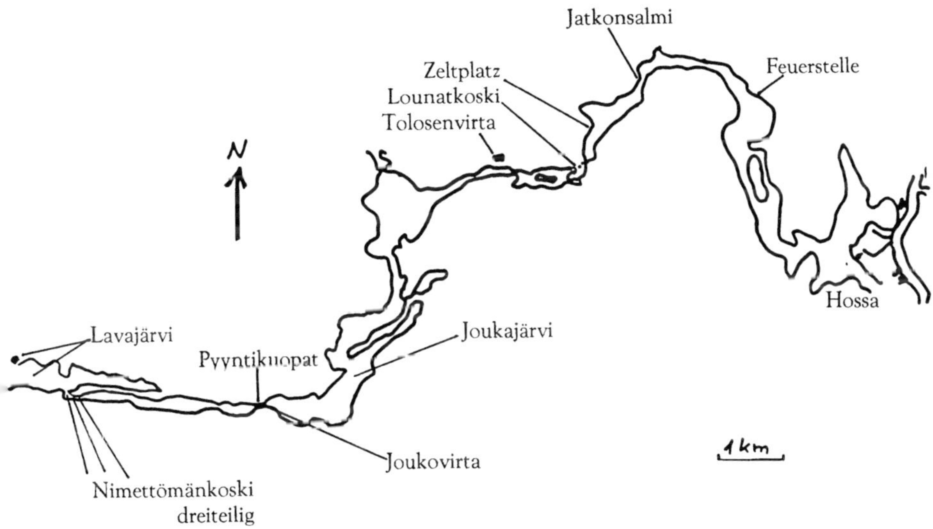

Route 6: Die Peranganjoki Route

Die ersten 16 Kilometer handelt es sich um eine Flußbefahrung und führt durch dichtes Waldgebiet. Die Stromschnellen sind einfach zu fahren. Ausnahme ist die **Lounatkoski** (WW III) gegen Ende der Tour. Auf der weiteren Strecke werden mehrere Seen durchquert, deren Verbindungsstücke kleine Stromschnellen aufweisen.

Der Beste Ausgangspunkt für diese Fahrt ist an der Bootsrampe am **Iso-Peranka**. Der Weg dahin zweigt 300 Meter nach der Straßenkreuzung E63/Str.8980 und Str. 9190 in nördlicher Richtung nach links ab. Peranka besitzt eine Tankstelle und einen kleinen Laden. Zwei Kilometer auf der Straße 9190 Richtung Hossa liegt der Campingplatz Piispansaunat.

Zuerst wird auf dem Iso-Peranka eine Strecke von 500 Metern zurückgelegt. Man halte sich am rechten Ufer, da der Ausfluß des Peranganjoki sehr schmal und auf weite Entfernung nicht zu entdecken ist. Gleich nach der Einfahrt in den Peranganjoki kommt die **Niskakoski** (WW I). Diese Art von Schnellen werden nun die nächsten Kilometer gehäuft auftreten. Sie sind alle sehr schmal und von Steinen gesäumt. Richtungswechsel machen die Fahrt interessant. Bei Niedrigwasser muß immer mit Berührung der im Wasser liegenden Steine gerechnet werden. Es empfiehlt sich die ersten zwei Schnellen vom Ufer aus anzuschauen. Dann hat man die wesentlichen Eigenschaften der Folgenden bereits verinnerlicht. Was nicht vorhergesehen werden kann, sind evtl. umgestürzte Bäume.

Nach Niskakoski gelangt man in den **Alanpäänlampi.** Die umgebende Landschaft strahlt hier eine besondere Ruhe aus. Die folgende Insel wird auf der linken Seite umfahren. Nach einem Richtungswechsel nach Westen folgt die **Harrikoski** (WW I). Die Durchfahrt ist klar und in der Mitte. Gleich danach wartet die **Vääräkoski** (WW I) auf den Kanuten. Sie ist etwas länger als die bisherigen Schnellen und macht eine leichte S-Kurve. In der ersten Rechtsbiegung kommt eine kleine Stufe und in der anschließenden Linksbiegung wird es steinig. Bodenberührung läßt sich kaum vermeiden, wenn das Wasser niedrig steht.

FOTO 13 *Vääräkoski*

Auf dem nächsten halben Kilometer wird es wieder ruhiger. Dann kommt eine kurze Schnelle mit dem Namen **Telakoski** (WW I). Durchfahrt ist auf der rechten Seite, da es besonders bei Niedrigwasser in der Mitte sehr flach ist. Bald anschließend die **Karjalankoski** (WW I). Sie macht eine Rechtsbiegung, und in der Mitte der Biegung verengt sich das Fahrwasser. Dort findet sich ein Durchlaß mit einer kleinen Stufe.

Der anschließende Kilometer ist durch flaches Wasser geprägt. Auch die **Särikoski** (WW I) kann zu Grundberührung führen. Sie liegt in einer Linksbiegung und sollte auf der linken Seite angefahren werden. Auf der Außenkurve ist es flach und steinig. Es schließt sich ein ruhiger Abschnitt nach Särikoski an. Nach dem Teich **Multilampi** folgt die **Multikoski** (WW I). Fahrwasser ist in der Mitte. Nach einigen Biegungen kommt die Straßenbrücke der E63 in Sicht. Unter Der Brücke ist eine kleine Schnelle (WW I) die auch bei wenig Wasser fahrbar ist.

Die nächsten zwei Kilometer ist das Wasser von sumpfigem Ufer begleitet. In einer scharfen Linkskurve liegt **Junkivirrat**. Hier machen vor allem die im Wasser liegenden Steine Probleme. Links der Mitte halten.

Bald darauf kommt **Laukkukoski** (WW II). Sie ist relativ lang und sehr steinig. Zuerst sollte man die Mitte nehmen, um sich in der Biegung am linken Ufer zu halten. Der nächste Abschnitt muß eventuell getreidelt werden. Vom linken Ufer aus treideln. Danach die Weiterfahrt individuell entscheiden.

Eine weitere Treidelstrecke kann wenige Meter weiter im Bereich der im Fluß liegenden Insel auftauchen. Bei Normalwasser kann sie auf beiden Seiten umfahren werden.

Die nächste Schnelle heißt **Kuusikoski** (WW I). Diese Schnelle besitzt eine deutliche Linksbiegung. Das Fahrwasser ist in der Mitte. Am Beginn kann ein Stein die Durchfahrt erschweren, wenn das Wasser niedrig ist. Gleich danach kommt eine längere Stufe (WW I). Den in der Mitte liegenden Stein links umfahren. Jetzt geht die Fahrt die nächsten Kilometer ohne Besonderheiten weiter. Nachdem am linken Ufer wieder dichter Wald zu finden ist, folgt bald die **Hevonperseenkoski** (WW I) . Beginnend in der Mitte führt das Fahrwasser zum rechten Ufer. Dort findet sich ein Schutzunterstand. Anschließend wird es sehr flach, so daß getreidelt werden muß.

500 Meter weiter erwartet uns **Pitkäkoski** (WW II). Scharfe Richtungsänderungen zeichnen diese Schnelle aus. Beginnend links der Mitte folgt eine Rechtsbiegung. Innenkurve fahren. Danach kommt Linkskurve, die in der Mitte zu fahren ist. Meist muß die Schnelle allerdings getreidelt werden.

Jetzt folgen wieder einige Kilometer über ruhig fließendes Wasser. Bei **Saukkovirta** (WW I) kann ein Biberdamm gesehen werden. Die ganze Strecke führt an Inseln vorbei, die von allen Seiten umfahren werden können. Jetzt wird er Peranganjoki breiter, als Zeichen, daß er bald in den **Iso-Kukkuri-See** mündet.

Ist der See erreicht, sollte am linken Ufer entlang gefahren werden, um nicht in die östlich gelegene Bucht zu gelangen, die parallel zur eigentlichen Route nach **Kukkuri** führt. Dort findet sich eine Übernachtungshütte mit Feuerstelle. Hier kreuzt auch eine Wanderreoute den See. Unter der Brücke bildet sich eine Stromschnelle, **Peurokoski** (WW I). Die Durchfahrt rechts nehmen. Dann folgt ein Teich. In der Gegend der Hütte Kukkuri kann man sehr gut Multbeeren finden. In der richtigen Jahreszeit, ab ungefähr Anfang August, finden sich nicht nur Multbeeren, sondern auch Heidel- und Preiselbeeren.

FOTO 14 *Peurokoski*

FOTO 15 *Schutzhütte Peurokoski*

Von Kukkuri führt ein Fußweg über zwei Kilometer zu einer kleinen Straße, die Verbindung zur E63 hat.

Nachdem nun das Naturschutzgebiet **Martinselkonen** erreicht ist, gelten besondere Vorschriften des Schutzgebietes, z.B. Feuermachen nur an angelegten Feuerstellen.

Parallel zum linken Seeufer begleitet ein Wanderweg die Kanuroute. Nach dem kleinen Teich bei Kukkuri wird die Einfahrt in den **Pikku-Kukkuri-See** von einer kleinen Schnelle gebildet. Nach nicht ganz einem Kilometer erfolgt der Übergang in den **Lavajärvi**, der durch die **Tuirankoski** (WW I) gebildet wird. Die Durchfahrt ist in der Mitte zu suchen. Bei niedrigem Wasser ist der Anfang sehr flach. Die Schnelle macht eine Rechtsbiegung, in der nach der Hälfte der Strecke die Steine auf der rechten Uferseite zu umfahren sind.

Weitere 1,5 Kilometer steht am linken Seeufer die Hütte **Lavajärvi** mit Übernachtungsmöglichkeit. Im Anschluß an die Hütte sollte man sich am rechten Ufer orientieren, da der Abfluß in den **Iso-Nimetön-See** etwas versteckt liegt. Der Übergang wird durch die **Nimettömänkoski** (WW II) gebildet. Das größte Problem sind die zahlreichen Grundberührungen bei Niedrigwasser. Eigentliche Durchfahrt sonst in der Mitte. Am rechten Ufer ist eine Feuerstelle, wo der Fahrweg, von der Straße 9190 kommend, endet.

Alternativ kann die Nimettömänkoski durch die Weiterfahrt auf dem Lavajärvi zum Iso-Syrjajärvi umgangen werden. Bei Syrjasalmi kreuzt ein Wanderweg die Wasserstrecke, und dort befindet sich ein Schutzunterstand. Nach ungefähr 500 Metern schleppt man das Kanu über den schmalen Landrücken zum Iso-Nimetön-See.

Die Fortsetzung auf dem Iso-Nimetön führt über die Nimettömänsalmi in den **Pikku-Nimetön**, an dessen Ende bei **Joukuvirta** (WW I) die nächste Schnelle wartet. Sie ist in der Mitte leicht zu befahren. Bei Niedrigwasser gibt es, wie gehabt, Steine an der Oberfläche. Auf der linken Uferseite bietet sich **Pyyntikuopat** mit Schutzunterstand zu einer Rast an.

Bis Luonatkoski liegt jetzt eine ca. 9 Kilometer lange Seestrecke. Im Joukujärvi folgt man am besten dem linken Ufer, um die Durchfahrt bei Virtasalmi nicht zu verpassen. Auf dem anschließenden **Virtajärvi** gelangt man zum **Lounajärvi**. Rund um diesen See finden sich mehrere Feuerstellen und am Nordende ein Windschutz. Die Kanuroute führt über die nach Osten führende Bucht des Lounatjärvi zur Miethütte Tolosenvirta. Ab hier ist wieder eine Straßenanbindung nach Hossa möglich. Kurz vor dem Ende des Sees ist das Wasser sehr flach. Am Ende des Sees die Schnelle **Tolosenvirta** (WW I). Fahrwasser in der Mitte.

Es schließt sich nun das Gebiet der **Lounatkoski** an. Am Besten folgt man dem linken Ufer. Auf der nun sich gabelnden Strecke vor einer Insel, auf welcher alte Flößergebäude stehen, biete der linke Arm auf den letzten Metern etwas flaches Wasser. Der rechte Arm bietet den längeren Weg um das Südufer der Insel herum und trifft danach wieder mit dem linken Arm zusammen. Am linken Ufer der nächsten Insel ist ein Warnschild zu sehen, das zum Aussteigen aufruft. Es schließt sich nämlich unter der von hier zu sehenden Holzbrücke die **LOUNATKOSKI (WW III)** an. Sie bildet unter der Brücke eine Stufe, die das Wasser auf einen Felsen leitet. von dort geht es schwungvoll an den Palisaden eines Flößerdamms entlang in den **Jatkonjärvi**. An der Stelle zum Ausbooten ist ein Transportweg eingerichtet, über welchen das Boot über die 200 Meter lange Insel gezogen werden kann. Unterwegs sollte man sich die alte Wassermühle anschauen.

FOTO 16 *Luonatkoski*

Am linken Ufer des Jatkonjärvi befindet sich ein Zeltplatz. Durch die Engstelle Jatkonsalmi mit Schutzhütte gelangt man in den **Kenttijärvi**. In diesen See münden zwei weitere kürzere Kanustrecken von Somerojoki und Iijärvi.

Nach ca. 7 Kilometern in südlicher Richtung auf dem Nurmiselkä und **Hossanjärvi** kann die Kanutour, durch Einbiegen in die Hossanlahti, im Dorf **Hossa** beendet werden. Hier finden sich Laden, Campingplätze, Tankstelle, Hütten usw.

Eine Fortsetzung der Tour kann über den nach Süden fließenden **Hossanjoki**, Route 7, erfolgen.

ROUTE 7

HOSSANJOKI

Länge:	32 Kilometer
Dauer:	2 Tage
Einsetzstelle:	Hossa
Endpunkt:	Juntusranta
Schwierigkeit:	WW I - II
Kurzbeschreibung:	Einfache Kanutour, am Beginn Stromschnellen, mittlerer Abschnitt gemächlich, zum Ende wieder flotter.
Bemerkungen:	Ist ein Teil der traditionellen Flößer- und Teertransportrouten. Läßt sich über die Seen bis Soummussalmi fortsetzen.
Karten:	GT 13 1: 200000, Wanderkarte Hossa-Martinselkonen 1: 50000

HOSSANJOKI

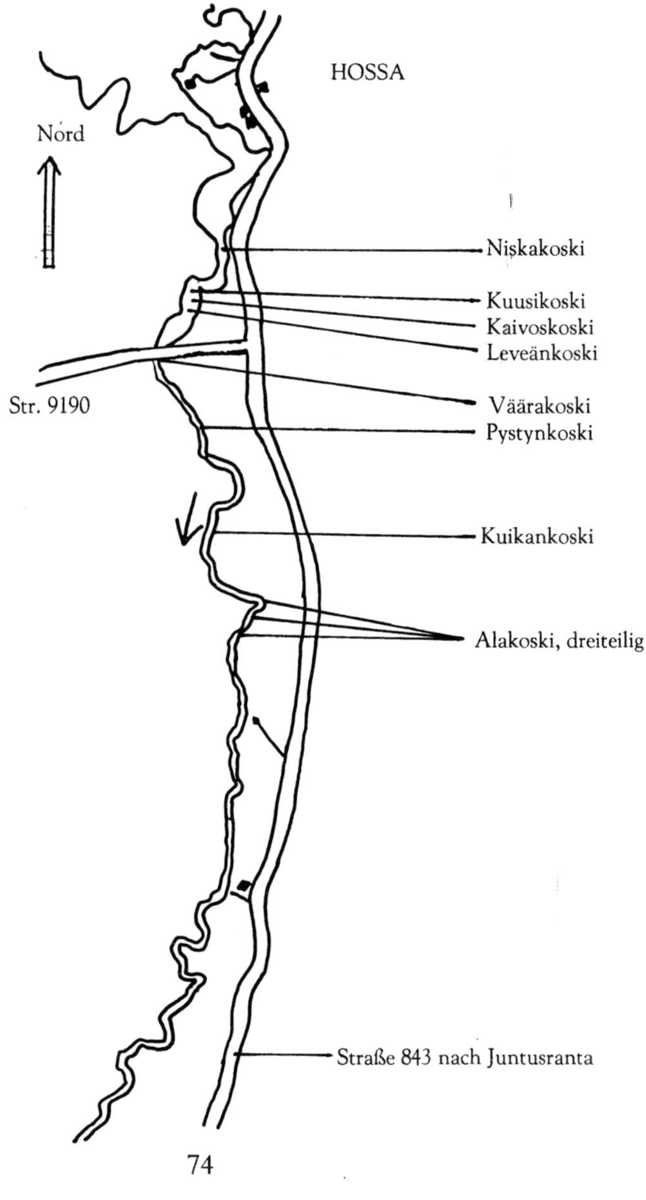
HOSSA
Nord
Niskakoski
Kuusikoski
Kaivoskoski
Leveänkoski
Str. 9190
Väärakoski
Pystynkoski
Kuikankoski
Alakoski, dreiteilig
Straße 843 nach Juntusranta

HOSSANJOKI-ALAJOKI südlicher Teil

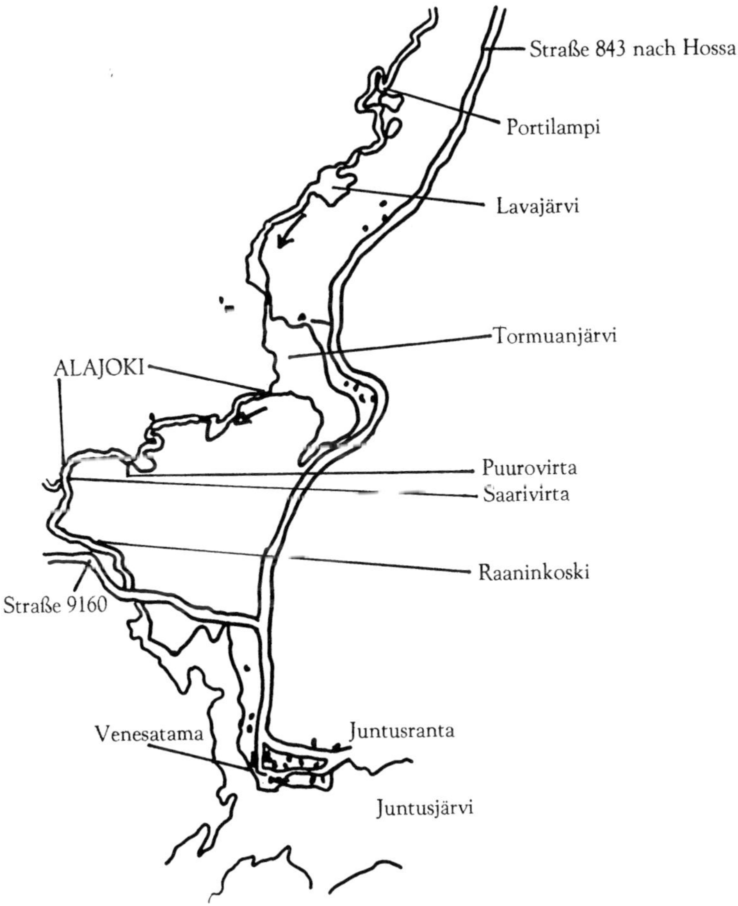

Route 7: Die Hossanjoki-Route

Sie ist Fortsetzung der Peranganjokitour. Hierbei handelt es sich um eine früher von Teerbooten benutzte Route nach Soumussalmi.

Ausgehend vom Dorf Hossa führt sie zuerst über die **Niskaselkäbucht** nach Süden. Nach ungefähr 4 Kilometern wird der See schmaler und führt über die **Niskakoski** (WWI) in den Hossajoki. Die Schnelle ist am Anfang sehr flach. Am besten kommt man in der Mitte durch. Am linken Ufer ist eine Feuerstelle eingerichtet, und es gibt Straßenzugang zur Sraße 843 Hossa-Juntusranta.

Nach einer S-förmigen Kurve des Hossanjoki kommt ein ca. 1 Kilometer langer Sromschnellenabschnitt. Er bietet drei Schnellen, wobei die erste Schnelle **Kuusikoski** (WW I) links zu durchfahren ist. Das Fahren ist links der Mitte am besten. Beginnend können Steine die Durchfahrt behindern. Nach dem kleinen ruhigen Abschnitt folgt die **Kaivoskoski** (WW I). Der linke Arm ist besser zu befahren. Es stellen sich mehrere kleine Stufen dar, die in der Mitte der Strömung befahren werden. Am linken Ufer nach der Schnelle ist eine Feuerstelle eingerichtet.

Jetzt schließt sich die 500 Meter lange **Leveankoski** (WWII) an. Nach der Hälfte der Strecke, die mittig angegangen werden sollte, finden sich große Steine. Am Ende der Schnelle mehrere flache Stufen. Bei Niedrigwasser Grundberührung.

Nach ungefähr 300 Metern kommt die Straßenbrücke der Str. 9190 in Sicht und unter der Brücke die **Vääräkoski** (WW I). Die Strecke führt über die Mitte zum rechten

Brückenpfeiler und von dort zur Mitte zurück. Am Beginn ist die Schnelle sehr flach und steinig.

Der nächste Kilometer ist ruhig. Einzig bei Saukkovirta ist das Gewässer sehr flach, und es muß mit Bodenkontakt gerechnet werden. Von einiger Entfernung ist bereits die **Pystynkoski** (WW II) zu hören. Sie wird von einer Insel gebildet, um die der Hossanjoki fließt. Der rechte Arm ist zu durchfahren, nicht, wie in der Wanderkarte Hossa-Martinselkonen angegeben, der linke Arm. Die Schwierigkeit der Pystynkoski ist eine auf halber Strecke befindliche Stufe von ca. einem halben Meter. Unbedingt vorher vom Ufer anschauen. Am Ende der Insel befindet sich ein Schutzunterstand mit Feuerstelle.

FOTO 17 *Pystynkoski*

Die nächsten 1,5 Kilometer bis zur **Kuikankoski** (WW I) sind ruhig. In der Rechtsbiegung bei Hippavirta wird der Fluß sehr flach. Am ehesten noch auf der Aussenkurve zu befahren. Auf der rechten Uferseite der Kuikankoski ist eine

Feuerstelle eingerichtet. Die Stromschnelle ist einfach und in der Mitte zu befahren. Nach der Schnelle bietet sich bei der Bootsrampe ein Straßenzugang zur Straße 9190 an.

Die Fortsetzung des ruhigen Wassers endet nach einem weiteren Kilometer in der scharfen Rechtskurve. Es schließt sich nun die **Alakoski** (WW I) an. Sie verteilt sich über 700 Meter und ist steinig, so daß sich Grundberührung nicht vermeiden läßt. Speziell bei Niedrigwasser ist die Durchfahrt in der Mitte. Auf Höhe der am rechten Ufer stehenden Lappenkota finden sich Steine im Fahrwasser. Kurz dahinter findet sich ebenfalls auf der rechten Uferseite ein Windschutz. Dort führt der Fluß über drei kleine Stufen. Fahrwasser in der Mitte.

Nach Alakoski sind die Stromschnellen für den Rest des Hossanjoki vorbei. Der Fluß schlängelt sich nun, durch zum Teil sumpfiges Gebiet, dem 16 Kilometer entfernten **Tormuanjärvi** entgegen. Der Abschnitt bis Tormuanjärvi bietet keine Übernachungsmöglichkeiten, da das Ufer unzugänglich und sumpfig ist.

Nach ungefähr 6 Kilometern aufpassen, daß man, kaum im **Pajunlampi** angekommen, diesen auch sofort, am rechten Ufer haltend, wieder verläßt.

Vier Kilometer weiter kann der **Porttilampi** zu einer Abkürzung genutzt werden, da der Hossanjoki hier eine weiträumige Schleife macht. Wer es eilig hat, kann diese Abkürzung nutzen.

Bald kommt der **Lavajärvi**. Hier am rechten Ufer halten, da der Ausfluß erst spät zu entdecken ist. Nach 2,5 Kilometern liegt der Tormuanjärvi, welcher vom Hossanjoki durchflossen wird, auf der Strecke. Fährt man das linke Ufer entlang, gelangt man über Muosalmi zur Bootsrampe an der Straße Hossa-Juntusranta und kann die Tour hier beenden.

Die eigentliche Tour führt am rechten Seeufer entlang zum Ausfluß des **Alajoki**. Der Fluß beginnt in der Bucht an dessen südlichem Ufer von weitem bereits ein rotes Ferienhaus zu sehen ist. Die Einfahrt in diese Bucht ist schilfbestanden. Nach ca. 200 Meter ist am rechten Ufer die erste mögliche Übernachtungsstelle seit Alakoski erreicht. Hier ist ein Schutzunterstand und Feuerstelle.

Bei **Puurovirta** erwartet den Kanuten eine kurze aber schnelle Stromschnelle (WW I).

FOTO 18 *Puurovirta*

Eineinhalb Kilometer weiter eine weitere einfache Schnelle bei **Saarivirta**. Bei **Raaninkoski** (WW I), die in der Mitte zu befahren ist, ist am rechten Ufer eine Feuerstelle.

Danach wird der Alajoki breit und langsam. Er fließt dem **Kokkojärvi** entgegen. Zuerst bietet sich bei der Straßenbrücke der Straße 9160 die Möglichkeit, die Tour zu beenden.

Eine weitere Möglichkeit ist bis Juntusranta, vier Kilometer weiter, zu paddeln und an der Bootsrampe von **Venesatama** aufzuhören. In Juntusranta finden sich Einkaufsmöglichkeiten, Post und Tankstelle.